KLEINE GESCHICHTE SIEBENBÜRGENS

Harald Roth

KLEINE GESCHICHTE SIEBENBÜRGENS

3., aktualisierte Auflage

2007

BÖHLAU VERLAG KÖLN WEIMAR WIEN

Bibliografische Information der Deutschen Nationalbibliothek:
Die Deutsche Nationalbibliothek verzeichnet diese Publikation in der
Deutschen Nationalbibliografie; detaillierte bibliografische Daten
sind im Internet über http://dnb.d-nb.de abrufbar.

Umschlagabbildung:
Grenzfestung Törzburg mit Zollstation (rum. Castelul Bran, ung. Törcsvár)
an der südöstlichen Grenze Siebenbürgens zur Walachei
(Rekonstruktionszeichnung von Radu Oltean, www.historyarts.ro).

3. Auflage 2007
2. Auflage 2003
1. Auflage 1996

© 1996 by Böhlau Verlag GmbH & Cie, Köln
Ursulaplatz 1, D-50668 Köln
Tel. (0221) 913 90-0, Fax (0221) 913 90-11
info@boehlau.de
Alle Rechte vorbehalten
Satz: Kraus PrePrint, Landsberg am Lech
Karten: Ingenieurbüro für Karthographie Harms, Kandel
Druck und Bindung: Koninklijke Wöhrmann, NL - Zutphen
Gedruckt auf chlor- und säurefreiem Papier
Printed in the Netherlands

ISBN 978-3-412-13502-7

INHALT

Vorbemerkung	7
Zur dritten Auflage	8
Hinweise zur Aussprache	10

I.	Das Land	11
II.	Altertum und Völkerwanderung	17
	Daker und Römer im Donau-Karpaten-Raum	17
	Die Frage der dako-romanischen Kontinuität	20
	Wandervölker im Karpatenbogen	23
III.	Siebenbürgen im mittelalterlichen Königreich Ungarn	27
	Ungarische Grenzsicherung im Osten	27
	Herrschaftsstruktur und Landesorganisation	30
	Wirtschaft und Gesellschaft	35
	Herausbildung des Ständestaates	41
IV.	Siebenbürgen als autonomes Fürstentum	47
	Von der Schlacht bei Mohács zur Dreiteilung Ungarns	47
	Humanismus und Reformation	53
	Das Fürstentum zwischen Osmanen und Habsburgern	59
	Ethnische Vielfalt	68
V.	Siebenbürgen als Provinz der Habsburgermonarchie	79
	Eingliederung in ein Großreich	79
	Die österreichische Reformpolitik	82
	Emanzipation der Rumänen	87
	Vertane Chancen	95

VI. Siebenbürgen zur Zeit des österreichisch-ungarischen Dualismus ... 105
Staatsnation und Nationalitäten ... 105
Verfestigung nationaler Fronten ... 112

VII. Siebenbürgen als Teil Rumäniens ... 121
Anschluß an das Königreich Rumänien ... 121
Im rumänischen Nationalstaat ... 126
Politische Radikalisierung ... 132
Zur Zeit des kommunistischen Regimes ... 135
Nach dem Umbruch ... 147

VIII. Zum Stand der Siebenbürgen-Forschung ... 153
Quellenlage ... 153
Historiographie ... 155
Forschungseinrichtungen ... 157

Literaturhinweise ... 163

Regententafeln ... 177

Zeittafel ... 182

Abbildungsnachweis ... 187

Register (mit Glossar und Ortsnamen-Konkordanz) ... 188

*

Karten:
Siebenbürgen im mittelalterlichen Königreich Ungarn ... 26
Siebenbürgen als autonomes Fürstentum ... 46
Siebenbürgen als Teil der Habsburgermonarchie ... 78
Siebenbürgen als Teil Rumäniens ... 120

VORBEMERKUNG

Der vorliegende Überblick über die Geschichte Siebenbürgens verfolgt eine mehrfache Zielsetzung. Er will zunächst Grundzüge der Geschichte einer europäischen Region vermitteln, die an einem kulturellen Schnittpunkt liegt, Ostmitteleuropa und Südosteuropa gewissermaßen gleichzeitig angehört. Er will auf die Problematik hinweisen, die die Einordnung der Geschichte multiethnischer Regionen in die Geschichte moderner Nationalstaaten mit sich bringt. Dem deutschen Leser will er Siebenbürgen als ein Land vorstellen, das – entgegen einer weitverbreiteten Meinung – alles andere als ein rein deutsches Siedlungsgebiet war. Und schließlich soll gezeigt werden, daß die Geschichte Siebenbürgens wesentlich mehr zu bieten hat als den sich in der westlichen Medienkultur gegenwärtig größter Popularität erfreuenden „transylvanischen" Grafen Dracula, dessen historisches Vorbild im übrigen gar nicht in dieser Region zu suchen ist.

Eines aber tut dieser Versuch einer Synthese nicht: Er nimmt für sich keinesfalls in Anspruch, die letzte „historische Wahrheit" bereits gefunden zu haben. Vielleicht vermag er dem Leser aber ein Gespür für die Relativität postulierter „Wahrheiten" zu vermitteln.

Die Idee zu dieser überblickartigen Landesgeschichte Siebenbürgens entstand bei den Seminarveranstaltungen des Studentenkreises *Studium Transylvanicum* ab den 1980er Jahren. Dieser offene Kreis, der zum Umfeld des Arbeitskreises für Siebenbürgische Landeskunde gehört, hat sich wie dieser der Siebenbürgen-Forschung „im Geiste der Völkerverständigung und der Toleranz im europäischen Rahmen" verschrieben. Er bemüht sich um die Vermittlung einführender Kenntnisse an Nachwuchswissenschaftler und junge Interessenten sowie um den unvoreingenommenen und alter Mythen entledigten Austausch über die Geschichte Siebenbürgens und seiner Nachbarn. Diesem Kreis und seinem Streben sei der Überblick gewidmet.

Für fachlichen und freundschaftlichen Rat danke ich Meinolf Arens, Daniel Bein, Konrad Gündisch und Zsolt K. Lengyel. Dem Böhlau Verlag, Köln, ist dafür zu danken, daß er die Idee zu diesem Buch aufgegriffen und ihr zur Umsetzung verholfen hat.

H. R.

ZUR DRITTEN AUFLAGE

Das in den letzten Jahren zunehmende Interesse am Thema Siebenbürgen hat mit der Aufnahme Rumäniens als Mitglied in die Europäische Union ab Anfang 2007 noch einmal eine gewisse Steigerung erfahren. Das schlägt sich auch im Bedarf einer dritten Auflage – nach der zweiten durchgesehenen Auflage 2003 – dieser knappen Einführung zur Geschichte Siebenbürgens nieder. Sie wurde lediglich in den auf die aktuellen Entwicklungen bezogenen Passagen ergänzt.

Nachdem bereits 1999 eine ungarische Übersetzung der „Kleinen Geschichte Siebenbürgens" erschien (besorgt von Zoltán F. Hajdú) folgte 2006 eine weitere: die Publikation des Buches in rumänischer Sprache (übersetzt von Anca Fleşeru und Thomas Şindilariu, betreut von Ovidiu Pecican im Verlag Pro Europa). Daß dieser Versuch einer Gesamtsicht nun in allen drei siebenbürgischen Landessprachen vorliegt, ist mir eine besondere Freude. Überhaupt haben sich die Voraussetzungen für einen offenen und differenzierten Dialog über die Betrachtung der Vergangenheit dieser historisch von mehreren Kulturen geprägten Region in den letzten Jahren merklich verbessert. Sowohl in der Geschichtswissenschaft wie aber auch in der Politik und im öffentlichen Leben treten alte, die Gruppen abgrenzende Dogmen nach und nach etwas in den Hintergrund – was nicht heißt, daß sie keine Rolle mehr spielten, aber sie lassen heute schon mehr Raum für alternative Sichtweisen als noch vor sieben, acht Jahren. In diesem Sinne mag sich die „Kleine Geschichte Siebenbürgens" in ihren drei Sprachvarianten hoffentlich auch in die Reflexion über einen ausgeglichenen Umgang mit Vergangenheit einbringen können.

Das neue EU-Mitglied Rumänien präsentiert sich mit einer siebenbürgischen Visitenkarte: mit Hermannstadt als Europäischer Kulturhauptstadt 2007, mit einem Ort, an dem nicht nur wesentliche Stränge siebenbürgischer Geschichte zusammenlaufen, sondern der in der Vergangenheit wie kein anderer nicht nur für Siebenbürgen, sondern auch auf das ganze Gebiet des heutigen Rumänien gesehen intensive Außenbeziehungen nach ganz Europa gepflegt hat. Das hat Spuren hinterlassen. Die Europäer, zumal die Mitteleuropäer, werden hier somit viel Vertrautes wiederfinden. Siebenbürgen liegt gar nicht so weit weg.

H. R.

HINWEISE ZUR AUSSPRACHE

In rumänischen Namen:

ă	dumpfes *e* (wie in mach*e*n)
â/î	abgeflachtes *ü*
c	wie *k*, aber vor e und i: *tsch*
ch	wie *k*
g	wie *g*, aber vor e und i: *dsch*
gh	wie *g*
j	stimmhaftes *sch* (wie in Journal)
ş	stimmloses *sch* (wie in *sch*ön)
ţ	wie *z*
z	stimmhaftes *s*

In ungarischen Namen:

a	dunkles *a*
á	helles *a*
c, cz	*z*
cs	*tsch*
e	*ä*
é	*e*
gy	*dj*
í	langes *i*
ly	*j*
ó	langes *o*
ő	langes *ö*
s	*sch*
sz	stimmloses *s*
ű	langes *ü*
ú	langes *u*
z	stimmhaftes *s*
zs	stimmhaftes *sch* (wie in Journal)

I. DAS LAND

Siebenbürgen, die Landschaft und die historische Region, liegt im südöstlichen Europa, noch zum alpin-karpatinischen Raum gehörend, und wird, natürlichen Grenzen gleich, von allen Seiten von den Gebirgszügen der Karpaten (Höhe bis über 2 500 Meter über dem Meeresspiegel) umgeben: den Ostkarpaten, den Südkarpaten (oder Transylvanischen Alpen) sowie den Siebenbürgischen Westgebirgen (mit dem Siebenbürgischen Erzgebirge). Siebenbürgen umfaßte in seiner historischen Ausdehnung als Fürstentum während des 16. bis 19. Jahrhunderts rund 62 000 Quadratkilometer (also um etwa ein Drittel größer als die Schweiz oder die Niederlande). Die Nord-Süd-Ausdehnung beträgt 280 Kilometer, die Ost-West-Ausdehnung 310 Kilometer. Nachbarregionen sind im Norden die Gebirgs- und Waldregionen Marmarosch und Bukowina, im Osten die Moldau, im Süden die das Rumänische Tiefland bildende Große Walachei (Muntenien) und Kleine Walachei (Oltenien), im Südwesten das Banater Bergland und das Banat sowie schließlich im Westen das in die Pannonische Tiefebene übergehende Kreischgebiet. Das historische Siebenbürgen reichte – zeitweilig angegliederte Teilprovinzen ausgenommen – im wesentlichen bis zu den Bergkämmen der genannten Gebirge.

Das Innere Siebenbürgens stellt sich als hügeliges bis bergiges Hochland (zwischen 300 bis 800 Meter über dem Meeresspiegel) dar, das nur über einige Pässe mit den Nachbarregionen verbunden ist. Ein dichtes Netz mittelgroßer und kleiner Flüsse begründet den Wasserreichtum des Landes im Karpatenbogen: Der größte Fluß ist der das Land teilende Mieresch, in den von Süden her die vereinigte Große und Kleine Kokel mündet; der Süden wird durchzogen vom Alt, der Norden vom Großen und Kleinen Somesch, alle zum Donaubecken gehörend. Siebenbürgen galt stets als ausgesprochenes Waldland: Im Mittelalter war wahrscheinlich der größte Teil des Landes dicht bewaldet; heute noch ist über ein Drittel der Region mit Wäldern bedeckt, die reich an Wild sind. Das für den Ackerbau genutzte und meist fruchtbare Kulturland ist inzwischen auf ein Viertel der Landesfläche angestiegen, war früher jedoch wesentlich geringer. Ein weiteres Drittel wird als Wiese, Weideland und für den Obstbau bewirtschaftet; hinzu kommt der für die Region charakteristische, ebenfalls seit dem hohen Mittelalter nachgewiesene Weinbau. Für die extensiv betriebene Weidewirtschaft eignen sich im besonderen die Hochweiden der Gebirge. Sümpfe, heute gutteils trockengelegt, hatten auch in früherer Zeit keinen größeren Anteil an der Landesfläche. An Bodenschätzen sind für historische Zeit reiche Vorkommen an Steinsalz und Edelmetallen (Gold, Silber), sodann Kupfer und Eisen zu nennen, die heute jedoch weitgehend erschöpft sind. Des weiteren sind zu erwähnen verschiedene Erze, Mineralquellen, Steine, Erden und in neuerer Zeit Erdgas und Steinkohle. Klima, Flora und Fauna weisen Siebenbürgen als eine mitteleuropäische Region aus. Es herrschen ein gemäßigtes Kontinentalklima und Westwinde vor, wobei die Unterschiede zwischen den Höchsttemperaturen im Sommer und im Winter zuweilen extrem sein können.

Historische siebenbürgische Landschaften, die sich aus der mittelalterlichen Geschichte des Landes heraus entwickelt haben, sind Grenzbereiche der Marmarosch und das Nösnerland im Norden, das Szeklerland im Osten, das Burzenland im Südosten, das Fogarascher Land, das Altland und das Hatzeger Land im Süden. Gerade der Westen war strukturell-politisch stark differenziert, so daß sich hier wohl kulturelle und ethnographische (das rumänische Motzenland, die ungarische Kalotaszeg u. a.), nicht aber historisch geschlossene Regionen ausmachen lassen. Ethnographisch bemerkenswerte Gebiete sind darüber hinaus etwa der Borgo-Grund bei Bistritz, das Tschango-Gebiet im

Ghimeș-Paß, das Hermannstädter rumänische Vorland (Mărginime), die Gegend um Torockó im Westen, die Siebenbürgische Heide oder die Kokelregion in Mittelsiebenbürgen.

Staatliche Zugehörigkeit und Verwaltungseinteilung Siebenbürgens

Blick auf die Fogarascher Berge (Südkarpaten) aus dem Landesinneren.

sollen in den folgenden Kapiteln eingehend behandelt werden. Eine ausgesprochene Hauptstadt kannte Siebenbürgen nicht: Während Weißenburg (ab dem 18. Jahrhundert unter dem Namen Karlsburg) als Bischofs- und Woiwoden- oder Fürstensitz eine Vorrangstellung hatte, traf sich die Ständeversammlung häufig in Thorenburg, Klausenburg oder Hermannstadt; die beiden letztgenannten hatten ab dem 18. Jahrhundert als Sitz des Guberniums und der Militärkommandantur eine hauptstadtähnliche Funktion. Kennzeichnend für Siebenbürgen ist die ausgeprägte regionale und ethnische Aufgliederung, die zur Herausbildung vielfältiger politischer, ökonomischer und kultureller Zentren führte und keinen eigentlichen „Kopf" kannte. Die wichtigsten historischen Fernverkehrswege verliefen in Siebenbürgen in Ost-West-Richtung über Kronstadt und Hermannstadt (im südlichen Teil) sowie über den Rodnaer Paß vorbei an Bistritz nach Desch (im nördlichen Teil) und in Nord-Süd-Richtung über Desch, Klausenburg und Weißenburg nach Hermannstadt. Im Inneren des Landes besteht ein altes feingliedriges

Straßennetz, das seit jeher den Ruf schlechter Instandhaltung hat. Demographische, ethnische und konfessionelle Gegebenheiten werden, da nur aus der historischen Entwicklung heraus verständlich, ebenfalls in den darstellenden Kapiteln mitbehandelt.

Der deutsche Name *Siebenbürgen* ist der jüngste der Landesnamen. Für das Altertum sind keine oder keine eindeutigen Namen für die Region im Karpatenbogen überliefert. Da Siebenbürgen von allen Seiten her von dichten Wäldern umgeben war (und ist), kam im Hochmittelalter (von Westen her gesehen) zunächst die lateinische Bezeichnung *ultra silvas* (jenseits der Wälder), *Ultrasilvania* und schließlich *Transsilvania* auf. Die etwa zeitgleich entstehende ungarische Bezeichnung *Erdély* schließt die gleiche inhaltliche Aussage ein (*erdő elű*) und regte den rumänischen Namen *Ardeal* an. Der deutsche Name *Siebenbürgen* kam erst mit der Ansiedlung der Deutschen im 12. und 13. Jahrhundert auf; er erschien zunächst in deutschen Heldenliedern und bezog sich anfangs nur auf die Region um Hermannstadt im Süden, später auf die ganze „Hermannstädter Provinz" und schließlich aufs gesamte Land. Vor volksetymologischen Deutungen des Namens sei gewarnt, da die Herkunft des Namens nach wie vor ungewiß ist und Anlaß zu vielerlei Spekulationen bietet. Die Nachbarn orientierten sich an allen der möglichen Namensformen: Im Türkischen heißt es *Erdel* während das Polnische wie auch andere slavische Sprachen den deutschen Namen als *Siedmogrod* „übersetzt" haben. Die meisten westlichen Sprachen nehmen die lateinische Namensform zur Grundlage. Im heutigen Rumänischen ist übrigens zwischen *Ardeal* als Bezeichnung für das historische Siebenbürgen und *Transilvania* für alle vormals zu Ungarn gehörenden Landesteile genau zu unterscheiden. Den gleichen Wandel machte *Erdély* im ungarischen Verständnis mit.

Die Frage geographischer und topographischer Namen ist in Siebenbürgen eine an Komplexität wie auch an politisch-kultureller Virulenz kaum zu überbietende Problematik. Städte, Märkte, Dörfer, Weiler, schließlich Berge, Flüsse, Fluren und dergleichen mehr haben zwei, drei oder im Einzelfalle auch mehr historische Namen, die meistenteils bis heute lebendig sind. Ihre Ursprünge geben siedlungs- und sprachgeschichtlich außerordentlich interessante Aufschlüsse. Diese aber sind in einem Land, in dem die Frage der Erstbesiedlung den Kern politischer Existenz zu betreffen scheint, extrem umstritten. Spätestens seit dem 19. Jahrhundert waren Ortsnamen stets ein Thema, mit dem Politik gemacht wurde, so durch die behördliche Einführung zahlreicher künstlicher Namensformen. Die Namen haben sich mit der Staatszugehörigkeit oder einer Verwaltungsreform jedoch nicht wesentlich geändert, eine der Varianten nahm lediglich den Status der offiziellen Namensform ein. Im Alltag einer multiethnischen Region aber wird in aller Regel die Namensform der gerade gesprochenen Sprache gewählt. Im vorliegenden Überblick werden, da in deutscher Sprache verfaßt, durchweg die gängigen deutschen Namen gebraucht. Für die rumänischen, ungarischen und lateinischen Namen wird auf die Konkordanz im Register sowie auf die bei den Literaturhinweisen genannten Ortsnamenbücher verwiesen.

Bei der Einteilung des Kontinents in Großregionen wird Siebenbürgen oft unterschiedlich zugeordnet: Während die Geschichtsschreibung es in der Regel als zu Ostmitteleuropa (also zum östlichen Teil Mittel-

Landschaft in Mittelsiebenbürgen (Siebenbürgische Heide).

europas) zugehörig ansieht, herrscht in der Gegenwartsforschung die Zuordnung zu Südosteuropa vor, bedingt durch die heutige Staatszugehörigkeit zu Rumänien. Die pauschale Einordnung unter „Osteuropa" erfolgt vor allem für die sozialistische Zeit. Eine eindeutige Qualifizierung muß im Falle Siebenbürgens immer zweifelhaft bleiben, da diese Region nicht nur geographisch, sondern auch historisch-kulturell seit jeher an einem Schnittpunkt lag und daher bis heute ganz unterschiedlichen Prägungen und Einflüssen unterliegt.

II. ALTERTUM UND VÖLKERWANDERUNG

Daker und Römer im Donau-Karpaten-Raum

Seitdem historische Kenntnisse über den Donau-Karpaten-Raum überliefert sind, überschnitten sich hier Macht- und Kulturbereiche, war die gesamte Region Durchzugsgebiet, Treffpunkt und Kampfplatz zahlreicher Stämme und Völkerschaften. Antike Quellen berichten im sechsten vorchristlichen Jahrhundert über das hier siedelnde Volk der Agathyrsen. Ihnen folgten schon bald die Daker, ein thrakischer Stamm, der im ersten vorchristlichen Jahrhundert den gesamten Raum an der mittleren und unteren Donau in einem Staatsgebilde unter seine Herrschaft brachte, das Innere des Karpatenbogens, also das spätere Siebenbürgen, als zentralen Teil mit einschließend. Dabei ist jedoch eher von der Integration oder Unterwerfung verschiedener heterogener Stämme unter die Herrschaft eines einzigen denn von einer einheitlichen Erschließung und Besiedlung solcherart ausgedehnter Räume auszugehen. So war der keltische Einfluß im Reich der Daker nicht unerheblich und die verschiedenen dazugehörigen getischen Stämme hatten eine häufige Verwechslung oder Gleichsetzung von Dakern und Geten zur Folge. Nach der Ermordung des Königs Burebista (44 v. Chr.) zerfiel das dakische Reich in mehrere Teilherrschaften.

Im Südwesten Siebenbürgens lag als politisch-kultisches Zentrum des Reiches die Hauptstadt Sarmizegetusa. Die Daker besaßen eine entwickelte Burgenkultur, teilweise beeinflußt durch die Zivilisationen des Mittelmeerraumes, und eine strenge soziale Schichtung: Die dominante Oberschicht bildeten die sogenannten „Filzmützen" (ein Hinweis übrigens auf die nomadische Herkunft dieser Gruppe), die „Langhaarigen" waren die (wohl bodenständigen) Untertanen. Es entstanden Beziehungen zu den benachbarten griechischen Städten am Schwarzen Meer und schließlich auch zu den Römern, die das Anwachsen der dakischen Macht vor ihren Grenzen seit der Zeit Cäsars mit Besorgnis beobachteten. Die Römer siedelten Stämme an den eigenen Grenzen, etwa die Sarmaten, zur Befriedung der Daker an oder zahlten ihren Königen jährliche Zuwendungen. Dennoch blieb das Verhältnis sehr spannungsreich, bis Kaiser Trajan in den Jahren 105/106 schließlich die Unterwerfung der Daker und die Eroberung Sarmizegetusas gelang. Zu dieser Zeit umfaßte der Machtbereich des besiegten dakischen Königs Decebal wieder das Gebiet zwischen der Donau im Süden, der Theiß im Westen und den (Ost-)Karpaten im Norden; im Osten reichte es wahrscheinlich über die Karpaten hinaus.

Die von den Römern errichtete Provinz *Dacia Traiana* erstreckte sich im wesentlichen auf die Kleine Walachei und Siebenbürgen. Sie war im übrigen die einzige römische Provinz, die über den Mittel- und Unterlauf der Donau hinaus in „barbarisches" Gebiet hineinreichte. Neben der Ausschaltung der dakischen Bedrohung waren es wahrscheinlich die Salz- und Edelmetallvorkommen sowie das imperiale Selbstverständnis Trajans und seiner Nachfolger, die die Römer trotz der schwierigen Sicherung zur Einbeziehung des Gebietes in ihr Reich bewogen. Es wurden Straßen gebaut, Legionslager und stadtähnliche Siedlungen angelegt sowie größere Bevölkerungsumsiedlungen aus und nach Dakien vorgenommen. In wirtschaftlicher Hinsicht scheint lediglich der intensiv betriebene Bergbau von Bedeutung gewesen zu sein. Nach einer Neustrukturierung der Verwaltung wurde der zwischen Donau, Alt und Karpaten gelegene Teil zu *Dacia Inferior*, das südwestliche Siebenbürgen mit der (abseits der alten neuerrichteten) Hauptstadt Ulpia Traiana Sarmizegetusa zu *Dacia Superior* und das nördliche Siebenbürgen später zu *Dacia Porolissensis*. Um 170 kam es an den nördlichen römischen Grenzen in der gesamten Region zu kriegerischen Auseinandersetzungen mit eindringenden germanischen Stämmen, vor allem mit Goten und Markomannen, darüber hinaus auch mit Sarmaten, die die leichte Verwundbarkeit des Römischen Reiches offenbarten und zu abermaligen Änderungen in der Verwaltung führten.

Das folgende Jahrhundert war bestimmt von der durch Wandervölker und kriegerische Stämme hervorgerufenen Unruhe, Abwehr, Indienstnahme, Umsiedlung oder Befriedung dieser Völker durch „Kontributionen" seitens der Römer. Zugleich wurden weitere Befestigungsanlagen gebaut, der Limes an der Ostgrenze verstärkt, das sich erst jetzt konsolidierende städtische Element gefördert und durch Vergünstigungen neue Ansiedler für die wenig attraktive Provinz geworben. Antike Quellen wie archäologische Funde zeigen, daß die Zuwanderer aus dem gesamten Römischen Reich, schwerpunktmäßig aber aus den Nachbarprovinzen kamen; sie belegen auch, wie gering die verbliebene Urbevölkerung der Region, deren Oberschicht gänzlich verschwand, nach der römischen Eroberung gewesen sein muß. Wie langsam die in neuerschlossenen Reichsgebieten übliche rechtliche Integration im Falle Dakiens erfolgte, läßt sich an dem späten Aufkommen des Munizipalrechts und der Provinziallandtage ersehen. In der Provinz waren zunächst eine, dann zwei Legionen stationiert. Inwieweit es zur Vermischung der vorrömischen und der zugezogenen Bevölkerung und damit zu einer möglichen Romanisierung der Daker gekommen sein mag, ist Gegenstand vielfältiger kontroverser Spekulationen.

Das weitere Vordringen der Goten aus den Gebieten nördlich des Schwarzen Meeres Richtung Westen führte ab den 230er Jahren zu massiven Bevölkerungsbewegungen im Donau-Karpaten-Raum. So wurden neben den balkanischen auch die dakischen Provinzen von Osten her hart bedrängt und mußten ihre vorgeschobenen Limesanlagen bald räumen. Die allgemeine Krise des Römischen Reichs und

Darstellung von Dakern auf der Trajanssäule in Rom.

die ungemein schwer zu verteidigende, lange Grenze nördlich der Donau führten zu einem allmählichen Abzug des Militärs wie der Bevölkerung aus den dakischen Provinzen nach Süden und Westen. Der das Reich erneut festigende Kaiser Aurelian, der im Jahre 270 Goten wie Wandalen deutliche Niederlagen beibrachte, ließ Dakien 271 räumen. Statt dessen schuf er die südlich der Donau gelegenen neuen Provinzen *Dacia Ripensis* und *Dacia Mediteranea*, die unter anderem der Neuansiedlung der nördlich der Donau verbliebenen Bevölkerung Dakiens dienen sollten.

Die Frage der dako-romanischen Kontinuität

Damit ist auch der letzte der für die Frage der dako-romanischen Kontinuität auf dem Gebiet des heutigen Rumänien, insbesondere Siebenbürgens, entscheidenden Problempunkte genannt. Es geht dabei um die Frage, ob eine während der Zeit der römischen Herrschaft angesiedelte lateinischsprachige und sich mit den Dakern vermischende Bevölkerung nach der Räumung der Provinz im vormaligen Dakien verblieb und die direkte Vorfahrenschaft der späteren Rumänen bildet. Von einer Kontinuität dieser Art geht die rumänische Geschichtsschreibung seit dem 18. Jahrhundert ganz überwiegend aus, dabei als wichtigste Argumente die unbestrittene Latinität des Rumänischen sowie die zu jenem Zeitpunkt dominante bevölkerungsmäßige Präsenz der Rumänen in den Regionen des früheren Dakien ins Feld führend. Die romanisierte dakische Bevölkerung, die vor, während und nach der römischen Herrschaft aus der Verbindung zwischen den Ethnien hervorgegangenen Dako-Romanen, soll sich nach dem Abzug des römischen Militärs und der römischen Verwaltung in die Gebirge zurückgezogen und so die in den folgenden Jahrhunderten über den Donau-Karpaten-Raum hereinbrechenden Stürme der Wandervölker überdauert haben. Die gerade für Siebenbürgen fürs Hochmittelalter überlieferten kleineren Herrschaftsbildungen seien ihr Werk gewesen und von den von Westen her erobernd vordringenden Ungarn zerstört worden. Die schon früh von Byzanz her christianisierte frührumänische Bevölkerung Siebenbürgens, für deren Existenz archäologische wie topographische Belege angeführt werden, sei in der Folge in ungarische Abhängigkeit geraten.

Die Gegner dieser Kontinuitätstheorie bezweifeln, daß eine Romanisierung eines wesentlichen Bevölkerungsanteils in knapp zwei Jahrhunderten möglich gewesen sei und daß nach dem Abzug eine größere Anzahl lateinischsprachiger Bewohner nördlich der Donau verblieb. Zum Beleg werden Vergleiche, schriftliche und archäologische Quellen angeführt. Sie bezweifeln des weiteren, daß sich die hypothetischen Dako-Romanen während der bald einsetzenden Völkerwanderungszeit, von der gleich zu handeln sein wird und während der es in der gesamten Region zu immensen Bevölkerungsverschiebungen kam, unbeschadet und kaum beeinflußt haben erhalten können. Die Kontinuitätsgegner fragen schließlich an, wieso über viele Jahrhunderte hinweg keine schriftlichen oder allgemein anerkannten archäologischen Quellen auf uns gekommen sind, die die Existenz der Dako-Romanen eindeutig belegen. Und sie weisen darauf hin, daß in der ganzen Region keine

Ortsnamen erhalten geblieben sind, die sich eindeutig auf Römer oder Daker zurückführen ließen.

Als Alternative wird vor allem von der anerkannten mitteleuropäischen und westlichen Wissenschaft die Migrationstheorie angeboten, wonach die sprachprägenden Vorfahren der Rumänen balkanromanischen Volkselementen entstammen, die allmählich in die Regionen nördlich der Donau einwanderten. Dieser Prozeß soll durch die Lebensform dieser Hirtenvölker, die Transhumanz (also jahreszeitlicher Wechsel der Weideplätze über große Entfernungen hinweg mit der Folge hoher Mobilität), sowie durch politische Ereignisse (Christenverfolgungen im bulgarischen Khanat im 9. Jahrhundert, byzantinische Steuerpolitik im 11./12. Jahrhundert) befördert worden sein. Untermauert wird diese Theorie durch sprachhistorische Vergleiche des Rumänischen mit den balkanromanischen Sprachen und dem Albanischen sowie durch die Areallinguistik. Ab dem Hochmittelalter, dem 12. und 13. Jahrhundert, seien diese ethnischen Splitter über die Karpaten auch in Siebenbürgen eingedrungen, wo es aufgrund konfessioneller Verwandtschaft oder gleichniedrigen sozialen Standes zur Vermischung mit den slavischen und anderen wohl noch bestehenden turksprachigen, romanischen oder germanischen Gruppen kam. Andere Forschungsergebnisse gehen von einer Fortdauer dako-romanischer Volkssplitter aus, die aber ab dem 6. Jahrhundert vollständig slavisiert worden seien.

Das Aufkommen der dako-romanischen Kontinuitätstheorie im 18. Jahrhundert als historisches Argument der Rumänen in der Auseinandersetzung um politische Rechte im Ständestaat Siebenbürgen ist leicht nachvollziehbar. Während der folgenden zwei Jahrhunderte führte sie zu vielfachen gelehrten und polemischen Kontroversen und gilt bis heute als unbedingte Antwort nationalbewußter Rumänen auf die Frage: Wer war zuerst in Siebenbürgen, wer hat das Primärrecht auf dieses Land und wer war demnach während der Jahrhunderte wessen Unterdrücker? Dogmatische Standpunkte bei Befürwortern wie bei Gegnern der Kontinuitätstheorie machen eine ernsthafte wissenschaftliche Diskussion kaum möglich, so daß das Für und Wider in dieser Frage meist zu einer Glaubensangelegenheit wird. In jedem Falle wird man bei der Ethnogenese der Rumänen, die bis zum 13. Jahrhundert sehr allmählich erfolgte, von einem komplexen, sich über viele Jahrhunderte und breite Räume nördlich wie südlich der Donau hinziehenden und lokal-regional unterschiedlich ausgeprägten Prozeß auszugehen haben. Angesichts der schon seit langer Zeit eindeutigen demographischen Verhältnisse im heutigen Siebenbürgen bräuchte die Geschichte zur Herrschaftslegitimation allerdings nicht mehr benutzt zu werden, so daß ein unvoreingenommenes Herangehen an diese Frage zumindest im Bereich der Wissenschaft denkbar sein sollte.

Wandervölker im Karpatenbogen

Der römischen Herrschaft nördlich der Donau folgten nicht weniger wechselvolle Jahrhunderte, deren Geschichte hier in groben Zügen skizziert sei. Die noch kurz vorher besiegten Westgoten drangen sofort in die von den Römern aufgegebenen Gebiete vor. Wie bei allen größeren Wandervölkern gehörte dem westgotischen Personenverbandsstaat eine Vielzahl ethnisch völlig unterschiedlicher Stämme an. Diese konnten ihre Herrschaft, die anhand archäologischer Funde nördlich der Donau und in großen Teilen Siebenbürgens ablesbar ist, gegenüber anderen germanischen Stämmen wie auch gegenüber den benachbart siedelnden Sarmaten und den Römern behaupten. Erst die aus Asien gegen Ende des 4. Jahrhunderts nach Europa einfallenden Hunnen drängten die Westgoten ins Römische Reich ab, wo sie ihre Wanderung fortsetzten. Nach weiteren knapp hundert Jahren wurde das Reich der Hunnen, das das Gebiet zwischen Pannonischer Tiefebene und unterer Donau einschließlich Siebenbürgen umfaßte, von der Vorherrschaft der Gepiden, einem ostgermanischen Stamm, abgelöst. Diese wieder mußten bereits 567 den Awaren weichen, deren Khanat von Siebenbürgen im Osten und der Donau im Süden bis zu den Alpen im Westen und dem Tatra-Gebirge im Norden reichte.

Was für eine Bevölkerung den Donau-Karpaten-Raum bewohnte, als unter awarischer Herrschaft ab dem 6. Jahrhundert slavische Stämme einzudringen begannen, ist angesichts der bunten Völkerschar, die durch die Region zog und ihre Spuren hinterließ, schwer auszumachen. Die unter awarischer Herrschaft einsetzende slavische Besiedlung kann angesichts der zahlreichen auf das Slavische zurückgehenden geographischen Namen nicht unerheblich gewesen sein, einige Archäologen gehen gar von einer völligen Slavisierung der Region aus. Der bulgarische Einfluß zumindest über den südlichen Teil Siebenbürgens zu Beginn des 9. Jahrhunderts, der der Vernichtung des Reiches der Awaren durch Karolinger und Bulgaren folgte, stand damit nur mittelbar im Zusammenhang. Kleinräumige slavische Herrschaftsgebilde dürften im 9. Jahrhundert, als der westliche Teil Siebenbürgens sehr wahrscheinlich unter dem Einfluß des sogenannten Großmährischen Reiches stand, vorherrschend gewesen sein. Mit den ersten Feldzügen ungarischer Stämme nach Europa kündigte sich ein weiterer Wechsel an.

Mit den wahrscheinlich den Petschenegen ausweichenden Ungarn drang im 9. Jahrhundert ein weiteres nomadisches Reitervolk in den Donau-Karpaten-Raum ein. Der Zerschlagung des Großmährischen Reiches folgten von der Pannonischen Tiefebene aus zunächst Raubzüge in den Westen. Erst nach der Niederlage auf dem Lechfeld 955 etablierten sie ihre Herrschaft auf Dauer an der Donau. Die Ungarn behielten ihre überkommene Stammesverfassung über die Zeit der „Landnahme" hinaus bei. Die sieben in Sippen untergliederten ungarischen Stämme hatten jeweils eigene Siedlungs- und Einflußbereiche; seit der Mitte des 9. Jahrhunderts standen sie unter der Führerschaft eines gemeinsamen Großfürsten aus dem Hause Árpád. In der zweiten Hälfte des 10. Jahrhunderts setzte eine allmähliche staatliche Organisierung und der Ausbau des Herrschaftsgebiets ein.

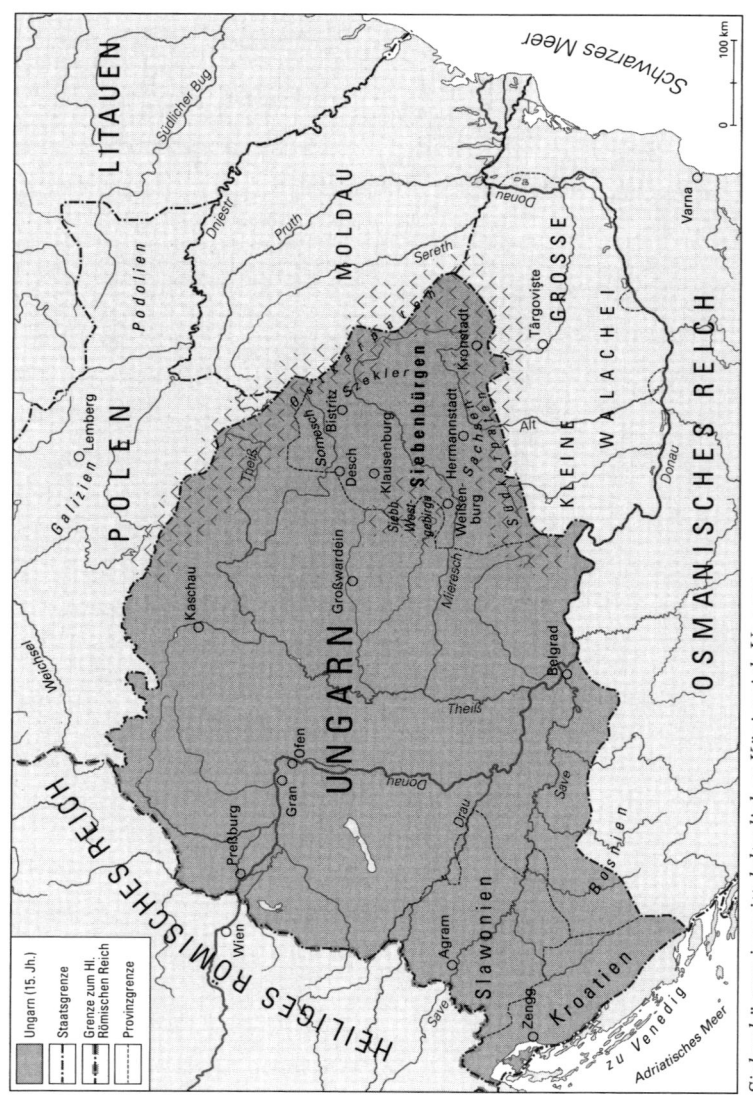

Siebenbürgen im mittelalterlichen Königreich Ungarn.

III. SIEBENBÜRGEN IM MITTELALTERLICHEN KÖNIGREICH UNGARN

Ungarische Grenzsicherung im Osten

Mit der Begründung Ungarns als christliches Königreich durch Stephan I. um das Jahr 1000 in der Mitte Europas, zwischen den Einflußbereichen der lateinischen und der griechischen Kirche, zielte das Bestreben des jungen Staates auf die Sicherung des eigenen Herrschaftsbereichs und die Ausweitung der eigenen Grenzen. Die Entscheidung für die Annahme des römischen Christentums war langfristig von grundlegender Bedeutung, da dadurch die Anbindung des ungarischen Reiches an den Westen begründet wurde. So wurde der Einfluß der deutschen Länder auf Ungarn sehr stark, das sich beim eigenen Staatsaufbau teilweise an ihnen orientierte. Die ungarische Stammesverfassung wich allmählich Territorialherrschaften, die sich einem starken und zentralisierten Königtum unterordneten. Es kam jedoch nicht zur Herausbildung eines Lehenswesens westlichen Typs: Der Kriegsdienst für den König war eine unbedingte Pflicht des Adels; diesem gehörte sein Land zu eigen. Die großen Besitzungen des Königs, die dieser zur Entlohnung seiner Gefolgsleute benötigte, blieben bis ins Spätmittelalter erhalten, unterlagen jedoch wie die königliche Macht erheblichen Schwankungen. So konnten die Magnaten des Hochadels während der Auseinandersetzungen um den Thron der Arpaden ihre Stellung Ende des 13. Jahrhunderts nachhaltig ausbauen; ähnliche Prozesse folgten während Thronwirren Ende des 14. und Mitte des 15. Jahrhunderts.

Die politischen Beziehungen zu Byzanz blieben trotz der westlichen Anbindung des ungarischen Königtums bis ins 15. Jahrhundert bestehen, teilweise über familiäre Verbindungen. Die ausgesprochen starke Expansion Ungarns weit über die Pannonische Tiefebene hinaus stieß wohl auf gelegentliche Widerstände, die mangelnde politische Organisierung oder die Schwäche der Nachbarn gab der Krone aber bald die Sicherheit, selbst die Auseinandersetzung mit Venedig um den Seezugang zur Adria zu wagen. Kroatien ging bereits zu Beginn des 12. Jahrhunderts eine Personalunion mit Ungarn ein. Im Inneren betrieben die ungarischen Könige eine planmäßige Christianisierung, zumal der adligen Oberschicht, und Integration des Landes in die katholische Kirchenorganisation; im 11. Jahrhundert bestanden – unter starker Kontrolle durch König und Hof – bereits zehn Bistümer mit Gran als Erzbistum. Es bedurfte jedoch beständiger Bemühungen, die von Konstantinopel wiederholt verstärkte kirchliche Einflußnahme zurückzudrängen. Hierbei wirkten eine Vielzahl von Klöstern und Orden der lateinischen Kirche aus ganz Europa mit, unter ihnen im besonderen die Dominikaner. In Siebenbürgen entstand ebenfalls bereits im 11. Jahrhundert das Weißenburger Bistum.

Die Herrschaftsbildungen, die in dieser Zeit, im 11. und 12. Jahrhundert, im später Siebenbürgen genannten Gebiet stattfanden, sind in ihrer Herkunft, Struktur und ethnischen Zugehörigkeit umstritten. Fest steht, daß nur Teile im Westen der Region über das alte Stammessystem dem ungarischen Machtbereich zugehörten und daß es, ebenfalls überwiegend im Westen, kleinere Herrschaften gab, deren slavischer oder nomadischer Charakter zwar wahrscheinlich, von der Forschung bis heute aber kaum zuverlässig bestimmbar ist. Ihre rasch erfolgte Unterwerfung machte den Weg ins Hochland nach Osten frei. Wie bereits angedeutet, bildete der gesamte Donau-Karpaten-Raum eine Art Endstation von aus Asien nach Westen drängenden Steppenvölkern. Diese ethnisch meist heterogenen, von ihrem Lebensmodell her den Ungarn jedoch vertrauten kriegerischen Gruppen stellten eine permanente Gefahr für die östlichen Grenzen des ungarischen Königreichs dar, so daß für einen gezielten Landesausbau Grenzsicherungssysteme zur Festigung der eigenen Machtposition notwendig waren. Daher wurden einige dieser Turkvölker an Einfallstellen zum Inneren der Pannonischen Tiefebene gegen Gewährung von Privilegien als „Grenzwächter" angesiedelt. Im Süden und im Zentrum des Hochlandes im Karpatenbogen siedelten die Ungarn als eines der ersten Hilfsvölker zum Schutz der Grenzen jenes der Szekler an. Es handelt sich dabei um einen Stamm ungarischer Sprache und

Der Dom von Weißenburg, Sitz des siebenbürgischen Bischofs.

Kultur, dessen ethnische Herkunft aber umstritten ist und am wahrscheinlichsten unter den Turkvölkern anzunehmen ist. Die den Szeklern für ihre Grenzwächteraufgaben verliehenen kollektiven Rechte, die gewissermaßen der gesamten Gruppe eine Art Adelsstatus verliehen, trugen sehr stark zur Herausbildung eines ausgeprägten Eigenbewußtseins bei, das schließlich zum wichtigsten Unterscheidungskriterium zu den anderen Ungarn wurde. Ähnlich wie die Herkunft der Szekler bildet die Intensität und Qualität der Besiedlung Siebenbürgens im Hochmittelalter eine außerordentlich kontrovers diskutierte Thematik. Auf der einen Seite stehen die Befürworter der Kontinuitätstheorie, die von einer relativ flächendeckenden und politisch strukturierten dakoromanischen Bevölkerung ausgehen, die von den eindringenden Ungarn in ihrer Entfaltung eingeschränkt wurde. Auf der anderen Seite wird von einem weitgehend menschenleeren, nur in Teilen slavisch besiedelten Raum ausgegangen, der durch die Ungarn von Westen her erschlossen wurde und in den das rumänische Ethnikum allmählich einsickerte. Für beide Thesen ist das Quellenmaterial dürftig und wird im ersten Fall durch fragwürdige, im zweiten durch stichhaltige Hypothesen ersetzt. Jedenfalls wird von einer dünnen, ethnisch sehr vielfältigen und sich eher in den unzugänglichen Gebirgsgegenden konzentrierenden Besiedlung auszugehen sein, die, wenn politisch überhaupt organisiert, über lokale Stammes- und Dorfverbände auf niedriger Entwicklungsebene kaum hinausgegangen sein wird und dem ungarischen Landesausbau kaum etwas wird entgegenzuhalten gehabt haben.

Herrschaftsstruktur und Landesorganisation

Ein ungarisches Machtzentrum bildete in Siebenbürgen bereits zur Zeit Stephans I. Weißenburg im Süden, das auf einen slavischen politischen Mittelpunkt zurückging. Der Sicherung der äußeren Grenze diente während der allmählichen Einbeziehung Siebenbürgens ins ungarische Reich ein Verhausystem: Vor dichtbewaldeten und durch Wälle verstärkten Verhaulinien, durch die nur wenige Wege führten, wurden breite Ödlandstreifen angelegt. Nach der schrittweisen Verlegung dieser Grenzsicherung nach Osten diente das alte Ödland als Siedlungsgebiet. Dieses auf reiternomadischen Erfahrungen aufbauende Konzept richtete sich in erster Linie gegen die aus dem Osten weiterhin eindringenden Steppenvölker. Bis zur Mitte des 12. Jahrhunderts wurde auf diese Weise das gesamte siebenbürgische Hochland in den Machtbereich des ungarischen Königs einbezogen. Zu dieser Zeit hatte sich die Grafschaftsverfassung auch in Siebenbürgen etabliert: Sieben Grafschaften oder „Komitate", etwas über die Hälfte des Territoriums des historischen Siebenbürgen, gehörten dem Adel, der aus dem Landesausbau hervorgegangen oder vom König aus dem Kreis der eigenen Dienstmannen als Gegengewicht zum Hochadel geschaffen worden war, also eher der mittleren oder niederen Ebene angehörte.

Höhergestellt war der einem Komitat als der Selbstverwaltungs- und Gerichtsinstanz des Adels vorstehende „Gespan", ihm zur Seite stand ein gewählter Stuhlsrichter. Aus den Reihen des Hochadels ernannte der König – ähnlich dem Banus von Kroatien – einen Woiwoden von Siebenbürgen (häufig der Gespan des Weißenburger Komitats), der Heerführer des siebenbürgischen Aufgebots, oberster Verwaltungsbeamter und Richter für den Adel der Provinz war. Die Woiwoden Siebenbürgens, die ab dem Ende des 12. Jahrhunderts fast durchweg bekannt sind, wurden vom König meist aus außersiebenbürgischen hochadligen Geschlechtern eingesetzt. Ihre Amtszeiten waren für gewöhnlich kurz. Dennoch gelang es einigen Woiwoden, zeitweilig eine gewisse Selbständigkeit zu erlangen, was sich auch in anderen Teilen des mittelalterlichen Ungarn in Zeiten des Rückgangs königlicher Macht ereignete. Der zahlreiche mittlere und niedere Adel Ungarns rang König Andreas II. in der Goldenen Bulle 1222 die Anerkennung seiner Adelsrechte einschließlich des Widerstandsrechts ab, dadurch auch die Möglichkeit erlangend, korporativ als *natio* (im mittelalterlichen Sinne) aufzutreten.

Die Grenzwächtervölker fügten sich ihrerseits in das Komitatssystem ein. So stand den Szeklern der Szeklergraf vor, in der Regel in Personalunion der Woiwode Siebenbürgens. Mit dem Erreichen natürlicher Grenzen, nämlich der Karpaten im Norden, Süden und Osten, wurde auch die Grenzsicherung neu organisiert, indem die Szekler umgesiedelt wurden und entlang der Ostgrenze neue Grenzverteidigungspositionen einnahmen; hinzu kam eine spätere Siedlungsenklave im Westen der Provinz südlich Thorenburg. Die Szekler, durch ihre Verteidigungsaufgabe zu einem ausgesprochenen Kriegervolk werdend, kannten eine aus nomadischer Zeit überlieferte Stammesorganisation nach Geschlechtern und Zweigen. Durch die neue Einteilung nach Gerichtsstühlen in den endgültigen Sitzen im Osten wurde diese allmählich überlagert und verdrängt. Auf die kriegerischen Aufgaben deuten auch die Namen der festen sozialen Schichtung in die *primores* als reiche Führungsschicht, die *primipili* als die zu Pferde Kämpfenden und schließlich die *pixidarii*, das Fußvolk. Jedem der insgesamt sieben Szeklerstühle stand ein zunächst noch vom König ernannter Königsrichter vor, die übrigen Verwaltungsbeamten wurden gewählt. Ihnen war der schon erwähnte Szeklergraf übergeordnet. Als *universitas Siculorum* traten die Szekler kollektiv auf.

Der durch den Abzug der Szekler im Süden freiwerdende Grenzbereich wurde ab der Mitte des 12. Jahrhunderts an eigens aus dem Heiligen Römischen Reich angeworbene Siedler verliehen. Die durch den Landesausbau in den vormals slavischen Gebieten im Osten des Reiches in Gang gekommene „deutsche Ostsiedlung" strahlte auch auf Ungarn aus, das vor allem aus dem Westen, den Gegenden um Rhein und Mosel, aber auch darüber hinaus Siedler für seine eigenen Pläne gewinnen konnte. Als „Gästen" (*hospites*) wurden diesen Land sowie Sonderrechte wirtschaftlicher und politischer Natur zugesichert. Ihre Gegenleistung sollte in der Grenzsicherung im Süden und im Norden einerseits, in der wirtschaftlichen Erschließung des Landes und entsprechender Steuerleistung andererseits bestehen. Vor allem in den Bereichen Bodennutzung und Bergbau, die bis dahin wegen der schwerpunktmäßig betriebenen Viehzucht kaum entwickelt waren, erhoffte sich die königliche Verwaltung Fortschritte. Die überwiegend, aber nicht ausschließlich deutschsprachigen Siedler wurden bald mit dem Stereotyp jener Zeit für westliche Siedler, *Saxones*, belegt, das sie als rechtliche Eigenbezeichnung selbst übernahmen. Die auf königsunmittelbarem Grund lebenden „Sachsen" ließen sich ihre Sonderrechte 1224 von König Andreas II. im „Andreanum" für die erstbesiedelte sogenannte Hermannstädter Provinz bestätigen. Zu diesem Selbstverwaltungsgebiet des „Königsbodens" (*fundus regius*), das unter der Leitung eines zunächst vom König ernannten, später gewählten Königsrichters im Sinne der Grafschaftsverfassung eine königsunmittelbare und daher weitgehend unabhängige Stellung hatte, kamen sehr bald die räumlich anschließenden „Zwei Stühle" um Mediasch, später das „Nösnerland" mit Bistritz im Norden und das „Burzenland" mit Kronstadt im Südosten hinzu. Als einheitliches Rechtsgebiet bildeten diese vier Territorien im 15. Jahrhundert die *universitas Saxonum*, jener der Szekler vergleichbar, die im Detail gewisse demokratische Grundzüge aufwies. Eine Besonderheit war des weiteren die Schaffung einer exemten Propstei für die westlichen Siedler, die bereits 1191 vom Papst bestätigt wurde.

Eine Episode des Landesausbaus bildete die Berufung des Deutschen Ordens in den äußersten Südosten Siebenbürgens durch Andreas II. im Jahre 1211. Diese durch die Kumanen, einem asiatischen Steppenvolk, besonders gefährdete Region sollte gesichert werden und als Ausgangspunkt einer über die Karpaten hinausgehenden Mission und wohl auch einer Machterweiterung der ungarischen Krone dienen. Der Deutsche Orden entfaltete in der erfolgreichen Wahrnehmung seiner Aufgaben eine die direkte Unterstellung unter den Papst anstrebende Selbständigkeit, die über die Vorstellungen der Zeitgenossen weit hinausging. Schon 1225 wurde der Orden wieder vertrieben. Während seines Aufenthaltes hatte er das schon erwähnte Burzenland jedoch nicht nur militärisch gesichert, sondern auch mit deutschen Siedlern erschlossen, die im Land verblieben und sich später dem Rechtsgebiet der Sachsen angliederten.

Der Adel der sieben Komitate Siebenbürgens bildete eine Generalversammlung unter dem Vorsitz des Woiwoden als oberstes Rechtsprechungs- und Beratungsgremium heraus, die *universitas nobilium*. Im Gegensatz zu anderen Teilen Ungarns, wo stets das Komitat administrative Bezugsgröße blieb, konnte sich daher in Siebenbürgen schon ab dem 13./14. Jahrhundert ein regionales Sonderbewußtsein entwickeln. Die beiden Rechtsverbände der Szekler und Sachsen standen außerhalb des unmittelbaren Einflußbereichs des Adels, sie bildeten vielmehr

Der Adelssitz von Szentbenedek im Klausenburger Komitat.

ein Gegengewicht zu diesem und galten als zuverlässige Stützen der ungarischen Krone. Heeres- und Steuerleistungen standen aufgrund bestehender Privilegien fest oder wurden in Auseinandersetzung mit dem König vereinbart.

Der Mongolensturm des Jahres 1241, demgegenüber die Verteidigungssysteme der europäischen Staaten völlig versagten, veränderte auch das Gesicht Siebenbürgens: Weite Teile des Landes lagen wüst, die Bevölkerung war dezimiert, ein guter Teil der Eliten verschwunden. Es dauerte Jahrzehnte, bis sich das Land wieder konsolidiert hatte und vor allem durch Binnensiedlung neu bevölkert wurde. Die gesamte Politik des um die erneute Stärkung der Zentralgewalt bemühten Königs Béla IV. war künftig von der Vorsorge gegenüber der äußeren Bedrohung bestimmt. So wurde einerseits die Anbindung der kleineren Reiternomadenvölker an Ungarn weiterbetrieben und ein enges Beziehungssystem zu den benachbarten Herrschaften bis in den russischen Bereich hinein aufgebaut, andererseits die Landessicherung durch die Förderung des Burgen- und Städtebaues intensiviert.

Wirtschaft und Gesellschaft

Eine politisch bis zum Ende des 13. Jahrhunderts nicht in Erscheinung tretende Gruppe waren die Rumänen (bis ins 19. Jahrhundert Walachen genannt[1]). Zu Beginn jenes Jahrhunderts erstmals ausdrücklich in Siebenbürgen erwähnt, kann es über ihre Zahl und Verbreitung zu dieser Zeit nur Mutmaßungen geben. Sie tauchen in jenen kleinräumigen Regionen häufiger auf, in denen es zur Bildung von „Knesaten", dem Zusammenschluß mehrerer Dörfer unter einem gemeinsamen Vorsteher, dem Knesen, kam: im Fogarascher Land im Süden, im Hatzeger Gebiet im Südwesten und in der Marmarosch im Norden, wo sie auch eine gewisse Selbstverwaltung mit eigener Jurisdiktion erlangten. Einigen dieser rumänischen Knesen gelang der Aufstieg in den Adelsstand und damit in die *natio Hungarica*, verbunden mit dem Übertritt zum Katholizismus und nur sehr langfristig auch mit der kulturellen und sprachlichen Anpassung. Kennzeichen der Rumänen war stets ihre Zugehörigkeit zur griechisch-orthodoxen, zur sogenannten „schismatischen" Kirche, womit sie in dem gänzlich in die katholische Kirchenorganisation einbezogenen Siebenbürgen besonderen Steuerbestimmungen unterlagen. Die größere Zahl der Rumänen und jener Volkssplitter, die allmählich im rumänischen Ethnikum aufgingen, muß am Rande der Gebirge und in Gebirgsgegenden gelebt haben, die die wichtigste Grundlage für ihre Wirtschaftsform, die Transhumanz, bildeten. Ein Siedlungsschwerpunkt bestand etwa im Siebenbürgischen Erzgebirge. Die Spezialisierung auf die erfolgreich betriebene Weidewirtschaft führte auch dazu, daß die Rumänen ihre Steuern überwiegend in Vieh oder auf der Grundlage ihrer Viehbestände zahlten (nämlich

---

[1] Obwohl unhistorisch, wird hier ausschließlich der Begriff „Rumänen" verwendet, da die bis ins 19. und teilweise selbst bis ins 20. Jahrhundert übliche Bezeichnung „Walachen" heute einen pejorativen Beigeschmack hat. In ihrer eigenen Sprache setzten die Rumänen als Selbstbezeichnung ihre jeweilige Herkunftsregion ein.

den sogenannten Schaffünfzigsten). Eine Folge der charakteristischen Lebensweise als Viehzüchter und des als solche genossenen Ansehens war die Herausbildung des Stereotyps „Walache" für Wanderhirten in Ostmitteleuropa, unabhängig von der ethnischen Zugehörigkeit. Im übrigen gehörten Schafe und Ochsen, Felle und Leder im Spätmittelalter zu den wichtigsten Ausfuhrgütern Siebenbürgens und Ungarns.

Gegen Ende des 13. Jahrhunderts zeichnete sich eine mögliche ständische Institutionalisierung der Rumänen Siebenbürgens ab, als deren Vertreter 1291 beim Weißenburger Landtag genannt werden. Die gerade im 13. und 14. Jahrhundert betriebene Zurückdrängung der Griechisch-Orthodoxen durch Kirche und König (so war ab der zweiten Hälfte des 14. Jahrhunderts die Zugehörigkeit des Adels zur römischen Kirche verpflichtend), die wenig kompakte Siedlung der Rumänen und die der Integration in die Adelsnation zuneigenden Knesen, genauso aber das weitgehende Fehlen eines ethnischen Bewußtseins waren wohl die wichtigsten Gründe, weswegen es nicht zur Herausbildung einer *natio Valachica* kam. Parallel entstanden südlich und östlich der Karpaten jedoch die ersten rumänischen Staatsgebilde, die auf Siebenbürgen vorgelagerte ungarische Grenzmarken zurückgingen: So sagten sich die Walachei im Süden um 1330, die Moldau im Osten um 1359 von der Oberhoheit der Stephanskrone los; sie bildeten fortan relativ selbständige Fürstentümer zwischen den Machtblöcken Ungarn, Polen, Byzanz und später dem Osmanischen Reich. Die sich zwischen Siebenbürgen und diesen beiden Ländern anbahnenden Beziehungen waren nicht nur für die Rumänen der Region, sondern vor allem für Handel und Gewerbe sowie die Landesverteidigung von herausragender Bedeutung.

In Siebenbürgen entstanden seit dem 12./13. Jahrhundert städtische Zentren, die sich vielfacher königlicher Förderungen erfreuten, insbesondere unter den Königen aus dem Hause Anjou, die nach dem Aussterben der Arpaden zwischen 1307 und 1382 den ungarischen Thron errangen und ihn zeitweilig mit jenem Polens in Personalunion verbanden. Wie in weiten Teilen Ostmitteleuropas wurde die spätmittelalterliche städtische Kultur Ungarns durch deutsches Recht, deutsche Kaufleute, Bergleute und Handwerker geprägt. In Siebenbürgen lagen die Städte ganz überwiegend im Rechtsgebiet der Sachsen und bildeten deren Vororte. Die Lokatoren und Besitzer von Ländereien der Ansiedlungszeit, die sogenannten „Gräfen", entwickelten sich hier zur städtischen Oligarchie, die auch die politische Führung des Rechtsverbandes der Sachsen übernahm. Die Erschließung der Märkte in Südosteuropa und in Kleinasien ließ sächsische Städte wie Hermannstadt, Kronstadt und Bistritz zu wichtigen Umschlagplätzen an europäischen Fernhandelsstraßen werden und deren Kaufmannschaft, die Beziehungen bis nach Wien, Regensburg, Nürnberg und weiter nach Westeuropa unterhielt, zu beachtlichem Reichtum kommen. Damit war sowohl ein Grundstein für die ökonomische Prosperität der *natio* der Sachsen wie auch für den allmählichen Führungswechsel von den alten politischen Eliten zur Unternehmerschaft gelegt. Mit dieser Entwicklung erfolgte (spätestens bis Ende des 15. Jahrhunderts) in der Stadt wie auf dem Land der Ausschluß des Adels, hier der Gräfen, und jeder adligen Sonderrechte aus der sächsischen Gesellschaft. Gleichzeitig entstand in den Städten ab dem 14. Jahrhundert ein gut ausgebautes und wirtschaftlich potentes Zunftwesen.

Ein Teil der deutschen Siedler, zahlenmäßig ein Viertel bis ein Drittel ausmachend, lebte als Bauern allerdings außerhalb dieser nur für den Königsboden geltenden Entwicklung, wenn auch in unmittelbarer räumlicher Nachbarschaft. Zu den Komitaten des Adels gehörend und entweder von diesem nach dem Vorbild des Königs oder von Gräfen auf eigenem Besitz in den Komitaten angesiedelt, teilten sie das Schicksal des Großteils der Landesbevölkerung gleich welcher Herkunft, nämlich die Grundhörigkeit, aus der in späteren Jahrhunderten Leibeigenschaft wurde. Als Hinterland der sächsischen Städte hatten die deutschen Dörfer auf Komitatsboden eine ähnliche Bedeutung wie jene auf Königsboden. Dieses fehlte anderen deutschen Ansiedlungen wie den Bergbaustädten im Westen und Norden Siebenbürgens oder der bedeutenden Binnenhandelsstadt Klausenburg, deren deutschsprachiger Bevölkerungsanteil ab dem 14. Jahrhundert stetig abzunehmen begann und im Laufe des 16. Jahrhunderts weitgehend verschwand. In geschlossenen deutschen Siedlungsgebieten um den Königsboden im Süden und Norden des Landes setzte sich trotz heterogener Herkunft ein moselfränkischer Dialekt auf dem Entwicklungsniveau des Mittelhochdeutschen durch, heute als das Siebenbürgisch-Sächsische bekannt.

Der siebenbürgische Bergbau nahm in der Wirtschaft ganz Ungarns eine bedeutende Rolle ein. Die Gold- und Salzvorkommen etwa der Siebenbürgischen Westgebirge galten im Mittelalter noch als unerschöpflich und lockten Bergleute aus ganz Europa an. Zeitweilig wurden die Minen von westlichen Handelshäusern gepachtet, im 16. Jahrhundert etwa vom Bankhaus Fugger. Ähnlich den Schürfrechten verpachteten die Könige Ungarns häufig auch Zölle, vor allem für den lokalen Adel oder die Städte als Einnahmequelle interessant. Im allgemeinen blieb die Bevölkerungsdichte Siebenbürgens das ganze Mittelalter hindurch gering und hinter jener der westlichen Landesteile Ungarns zurück: Fürs 12. Jahrhun-

Die Klausenburger St. Michaels-Kirche (14.- 16. und 19. Jahrhundert) als Beispiel der gotischen Baukunst in Siebenbürgen.

dert wird für das historische Siebenbürgen eine Bevölkerung von etwas über 200 000 angenommen, die sich bis zum 14. Jahrhundert auf etwa eine halbe Million (oder etwa neun Einwohner pro Quadratkilometer) erhöhte. Der allmählichen Zuwanderung von jenseits der Karpaten standen laufende Abwanderung sowie Dezimierung der Bevölkerung durch Mongoleneinfälle, ab dem Ende des 14. Jahrhunderts auch durch Einfälle osmanischer Vorhuttruppen gegenüber; einen wesentlichen Bevölkerungsverlust hatte desgleichen die Pestepidemie um die Mitte des 14. Jahrhunderts zur Folge.

Da die Hauptaufgabe des Adels in der militärischen Sicherung des Landes bestand (er genoß Steuerfreiheit), war auch er es, der in Siebenbürgen handfest „Politik" betrieb: In vielfachen Auseinandersetzungen mit und gegen Woiwoden und König stritt er um mehr Einfluß, Eigenständigkeit und Besitz. Der Adel war sowohl von der ethnischen wie auch von der sozialen Herkunft her in jeder Hinsicht heterogen, da nicht nur weit auseinanderklaffende Besitzverhältnisse bestanden, sondern allmählich immer mehr Gruppen Aufnahme in den Adelsstand erlangten: etwa die Burgdiener (Burgjobagionen), zugezogene fremde Ritter, Szekler Primores, rumänische Knesen oder sächsische Gräfen. Ungarische Sprache und Kultur überwogen im Adel jedoch und wirkten integrierend. Als persönlich frei, persönlich zum Kriegsdienst verpflichtet und steuerlich entlastet, standen die Szekler – zumal ihre Oberschicht – dem Adel am nächsten. Die Sachsen waren hingegen nur zur Stellung bestimmter militärischer Kontingente verpflichtet, mußten jedoch eine anteilmäßig wesentlich höhere Steuerleistung erbringen.

Die dem Hochadel zugehörigen Woiwoden Siebenbürgens regierten die ihnen unterstellte Provinz oftmals sehr selbstherrlich. Sie gerieten dadurch wiederholt in Gegensatz zum König oder zu den siebenbürgischen *nationes*, so daß es in der Folge zu Rechtsstreitigkeiten, Machtkämpfen oder Erhebungen kommen konnte. Die angevinischen Könige vermochten im 14. Jahrhundert den Einfluß der Woiwoden jedoch einzuschränken. In diesen Zusammenhang gehört etwa ein 1324 gegen den Woiwoden und den König gerichteter Aufstand der Sachsen; nach dessen Niederschlagung wurde das Rechtsgebiet der Hermannstädter Provinz durch die Einteilung in Stühle neu organisiert.

Gegen Ende des 14. Jahrhunderts tauchte ein weiteres Volk erstmals im Lande auf, das sich auf Dauer einrichten sollte: die Zigeuner, nach heutigem Verständnis zur osteuropäischen Gruppe der Roma gehörend. Sie erhielten im Königreich Ungarn Sonderrechte für ihre verschiedenen Gemeinschaften, innerhalb derer sie unter Zigeunerwoiwoden eine eigene Gerichtsbarkeit besaßen. Zwar stets als Ausgestoßene der Gesellschaft geltend, entwickelte sich zwischen dieser und den ihre nomadisierende Lebensweise noch über Jahrhunderte beibehaltenden Zigeunern eine Austauschbeziehung, innerhalb derer die besonderen Fertigkeiten der verschiedenen Gruppen als Metallverarbeiter, Pferdezüchter und -händler oder Goldwäscher geschätzt wurden. Konfessionell und sprachlich paßten sich die Zigeuner häufig ihrer Umgebung an, wobei die Affinität in Siebenbürgen zur Kultur der Rumänen wegen deren niedrigen sozialen Stands am größten war. Über ihre Zahl gibt es für kein Jahrhundert zuverlässige Angaben, jedoch den Hinweis, daß ihr Bevölkerungsanteil in Siebenbürgen stets höher war als in anderen Teilen Ungarns oder Ostmitteleuropas.

Die Juden waren im mittelalterlichen Siebenbürgen wie in ganz Ungarn wiederholten Verfolgungswellen ausgesetzt, denen Zeiten der Privilegierung folgten. So erhielten sie 1251, in den Jahren des Neuaufbaus nach dem Mongolensturm, einen königlichen Freibrief, der ihre Rechte und ihre Beziehungen zu den Christen regelte. Sie tauchten während der folgenden Jahrhunderte im Handel immer wieder auf, wenngleich sie dabei keine bedeutendere Rolle übernahmen und auch an Zahl gering blieben.

Herausbildung des Ständestaates

Ab der Mitte des 14. Jahrhunderts drangen die Osmanen nach Europa vor, in den letzten Jahren des Jahrhunderts fiel ihre Vorhut erstmals durch die Karpatenpässe nach Siebenbürgen ein. Der erst nach Thronwirren zur ungarischen Königswürde gelangte Luxemburger Sigismund erlitt im Kampf gegen die Türken 1396 bei Nikopolis eine schwere Niederlage. Erst Johannes Hunyadi, Woiwode von Siebenbürgen und Reichsverweser Ungarns, vermochte rund ein halbes Jahrhundert später ihr Vordringen zeitweilig aufzuhalten. Die beiden rumänischen Fürstentümer Walachei und Moldau kamen während dieser Auseinandersetzungen wiederholt in Vasallitätsverhältnisse zur Hohen Pforte. In wechselnden Bündnissen versuchten deren Woiwoden, vor allem jene der Walachei, sich der osmanischen Oberhoheit und der von den Osmanen eingesetzten Gegenwoiwoden zu entledigen. Dabei fanden sie in Siebenbürgen sowohl Partner wie auch Zuflucht bei Rückzügen, etwa in den halbautonomen rumänischen Gebieten oder in den sächsischen Städten. In diesen Zusammenhang gehört auch die (im 19. Jahrhundert als Graf Dracula aus Transylvanien in die Weltliteratur eingegangene) schillernde Gestalt des walachischen Fürsten Vlad Țepeș (Vlad der Pfähler) als eindrückliches Beispiel der instabilen Verhältnisse zwischen dem ungarischen Reich und jenem der Osmanen im 15. Jahrhundert. Im Gegensatz zu seiner aktuellen Popularität im Westen und touristischen Vermarktung im modernen Rumänien war dieser Fürst nur eine Randerscheinung der siebenbürgischen Geschichte, ohne darin eine über den Tag hinaus bedeutende Rolle zu spielen.

Die vielfachen Einfälle der „Renner und Brenner", deren Aufgabe als osmanische Hilfstruppen es war, die Grenzregionen zu schwächen und zu demoralisieren, trafen genauso wie die wesentlich selteneren Feldzüge in erster Linie die wohlhabenderen Regionen, also vor allem die Dörfer und Städte der Sachsen und Szekler; die zurückgezogeneren und ärmeren rumänischen Siedlungen blieben demgegenüber eher verschont und bildeten daher ein gewisses Reservoir zur Wiederbevölkerung. Große Teile der überlebenden Einwohnerschaft heimgesuchter Orte wurden als Kriegsbeute in die Sklaverei auf den Balkan oder nach Kleinasien verschleppt. Einem bei einem solchen Ereignis 1438 im siebenbürgischen Mühlbach in Gefangenschaft geratenen Sachsen verdankte die christliche Welt des ausgehenden Mittelalters die erste fundierte Beschreibung der Türken und ihrer Sitten. Die Grenzregionen Siebenbürgens reagierten auf die sich wandelnden Verhältnisse durch die Befestigung ihrer Städte und, auf dem Land, der Kirchen: So erklärt sich die bis heute erhaltene größte Konzentration von Kirchenburgen und Wehrkirchen auf verhältnismäßig engem Raum in diesem Teil Europas.

Eine weitere Folge der äußeren Bedrohung, deren Abwehr immer mehr Mittel verschlang, sowie der gerade zu dieser Zeit erfolgten vollständigen Umstellung auf die Geldwirtschaft war eine sich steigernde soziale Unruhe: Der Bauernschaft wurden immer höhere Steuern abverlangt, obwohl sie unter den dauernden Kriegen am stärksten litt.

1437 kam es, beeinflußt auch durch hussitische Vorbilder, zu einer ausgedehnten Bauernerhebung gegen den Adel der Komitate, der anfangs unterlag und den Forderungen der Bauern nachgeben mußte. Die Not ließ den Adel die bis dahin gemiedene engere Verbindung mit Szeklern und Sachsen suchen, die – gleichwohl sich der

Die sächsische Kirchenburg Heltau südlich Hermannstadt.

Aufstand nicht gegen sie richtete – an grundlegenden sozialen Veränderungen in einer Zeit extremer Bedrohung von außen nicht interessiert sein konnten. So schlossen sie mit dem Adel die *fraterna unio trium nationum*, die brüderliche Union der drei Nationen zum Schutz gegen innere und äußere Feinde ab. Diese Union gewann über den Bauernaufstand hinaus, der schon 1438 niedergeschlagen und streng geahndet wurde, langfristige Bedeutung. Die bereits zu Beginn des Jahrhunderts unter König Sigismund angestrebte Heeresordnung zur Verteidigung Siebenbürgens, an der Adel, Szekler und Sachsen gleichermaßen beteiligt sein sollten, erhielt dadurch eine stabile Grundlage. Schon 1459 kam es zu einer Erneuerung der Union, die diese gemeinsame Intention deutlich zum Ausdruck brachte.

Von Auseinandersetzungen mit der Bauernschaft war dabei nicht mehr die Rede. Es sei hervorgehoben, daß die Unruhen von 1437/38 keinerlei ethnischen Hintergrund hatten, wie dies die neuere Geschichtsschreibung oft darstellt, sondern als Konflikt unterprivilegierter (ethnisch vor allem ungarischer und rumänischer) Bauern und Kleinadliger, aber selbst städtischer Bürger gegen den grundbesitzenden Adel und die (katholische) Kirche zu sehen ist. Überhaupt spielt das ethnische Bewußtsein im ausgehenden Mittelalter noch eine völlig untergeordnete Rolle und wird von Kriterien wie Rechtsstand und Konfession überlagert. An Orten, wo diese Unterscheidungsmerkmale nicht mehr ausreichten, kam es im Ringen um politischen Einfluß zur Bildung ethnischer Fraktionen, in Siebenbürgen am frühesten etwa in der Klausenburger Bürgerschaft ab der Mitte des 15. Jahrhunderts zwischen Sachsen und Ungarn festzustellen. Die die Unionen schließenden *nationes* sind als Personalverbände mit Rechtscharakter zu verstehen, keinesfall jedoch als ethnische Gemeinschaften. Auch im Falle der kollektiven Bestrebungen der Sachsen ist im 15. Jahrhundert noch vom Überwiegen des rechtlichen Aspekts auszugehen: Ihr erfolgreich ausgefochtener Streit mit König und Adel galt zu dieser Zeit dem territorialen Erhalt des ursprünglichen Rechtsgebiets und der später hinzugekommenen Distrikte sowie ihres ausschließlichen Besitzrechts an diesen. Spätestens ab 1486, als die „Sächsische Nationsuniversität" erstmals als solche auftrat, war die rechtliche und politische Einheit erreicht und von den anderen beiden Ständen sowie dem König als solche akzeptiert.

Die Unionen der drei Nationen des 15. Jahrhunderts intensivierten die Verselbständigungstendenzen Siebenbürgens als Provinz des ungarischen Königreichs. Die seit dem Ende des 13. Jahrhunderts bekannten Zusammenkünfte der Rechtsträger entwickelten sich dadurch zu Provinziallandtagen mit quasi-gesetzgeberischer Kompetenz, gleichwohl der Schwerpunkt nach wie vor auf militärischen und fiskalischen Belangen lag. Diese Entwicklung erhöhte die Stabilität der Region beachtlich und lag durchaus im Sinne des um die Stärkung der Zentralmacht des Staates bemühten Königs Matthias Corvinus: Über die Vorteile besserer militärischer Organisation – 1479 konnten die Siebenbürger gemeinsam den Osmanen eine schmerzliche Niederlage beibringen – hinaus, waren dem Adel im Bündnis der drei Nationen zwei Partner zur Seite gegeben, ohne die er nicht mehr Politik machen konnte. Das Bündnis der Nationen konnte sich jedoch auch gegen Eingriffe des Königs wenden, wie in der Erhebung der Siebenbürger gegen Matthias 1467, in deren Folge es trotz ihrer Niederlage zu einer Bestätigung ihrer Privilegien kam. Die nun zunehmend als Landstände verstandenen Nationen konnten sich andererseits bei von außen beabsichtigter Einschrän-

Die Kirchenburg Székelyderzs im Szeklerstuhl Oderhellen.

kung ihrer jeweiligen Rechtstitel gegenseitig beistehen – einer der zentralen Punkte späterer Übereinkünfte.

Nach dem Tod König Matthias Corvinus' 1490 zerfiel die zentrale Königsmacht binnen weniger Jahre, es kam zur Parteienbildung der Magnaten auf der einen und verschiedener Gruppen des mittleren und niederen Adels auf der anderen Seite. Der Jagiellone Wladislaus II., zugleich König von Böhmen, war ein eher schwacher Herrscher, während dessen Regierungszeit das Königtum nicht nur an Macht und Ansehen, sondern auch an Reichtum stark einbüßte, da es beim Unterhalt der aufwendigen Landesverteidigung vom Adel bewußt im Stich gelassen wurde. Die Schwächung des Landes wurde durch den Ausgang des sich aus einem Kreuzzug gegen die Osmanen entwickelnden Bauernkriegs 1514 verstärkt: Den Taboriten in Böhmen vergleichbar, wenngleich ohne religiöse Komponente, lehnte sich ein Bauernheer unter der Führerschaft des Szeklers Georg Dózsa gegen die grundherrlichen Vorrechte des Adels auf und forderte gesellschaftliche Gleichberechtigung. Eine ethnische Ausrichtung fehlte auch dieser Erhebung. Nach anfänglichen Erfolgen wurden die aufständischen Bauern von einem Heer unter dem Woiwoden Siebenbürgens, Johann Szapolyai, vernichtend geschlagen, die Anführer hingerichtet. Der Ausgang auch dieses Aufstands hatte eine langfristige Weichenstellung zur Folge: Der Adel des Reiches sah sich veranlaßt, die „ewige Leibeigenschaft" der Bauern zu beschließen, sie zu entwaffnen und jede Freizügigkeit in seinen Komitaten zu unterbinden. Dieser Beschluß fand Eingang in der ebenfalls 1514 abgeschlossenen Zusammenstellung des ungarischen Gewohnheitsrechts, de facto eine Sammlung adliger Vorrechte, dem sogenannten *Tripartitum*, das künftig das Grundgesetz der *natio Hungarica* werden sollte. Gleichzeitig führten die Niederlage der Bauern und ihre zunehmende Unterdrückung auf Dauer zu einer wirtschaftlichen und gesellschaftlichen Schwächung des Landes und zu einer Verringerung seiner Verteidigungsfähigkeit.

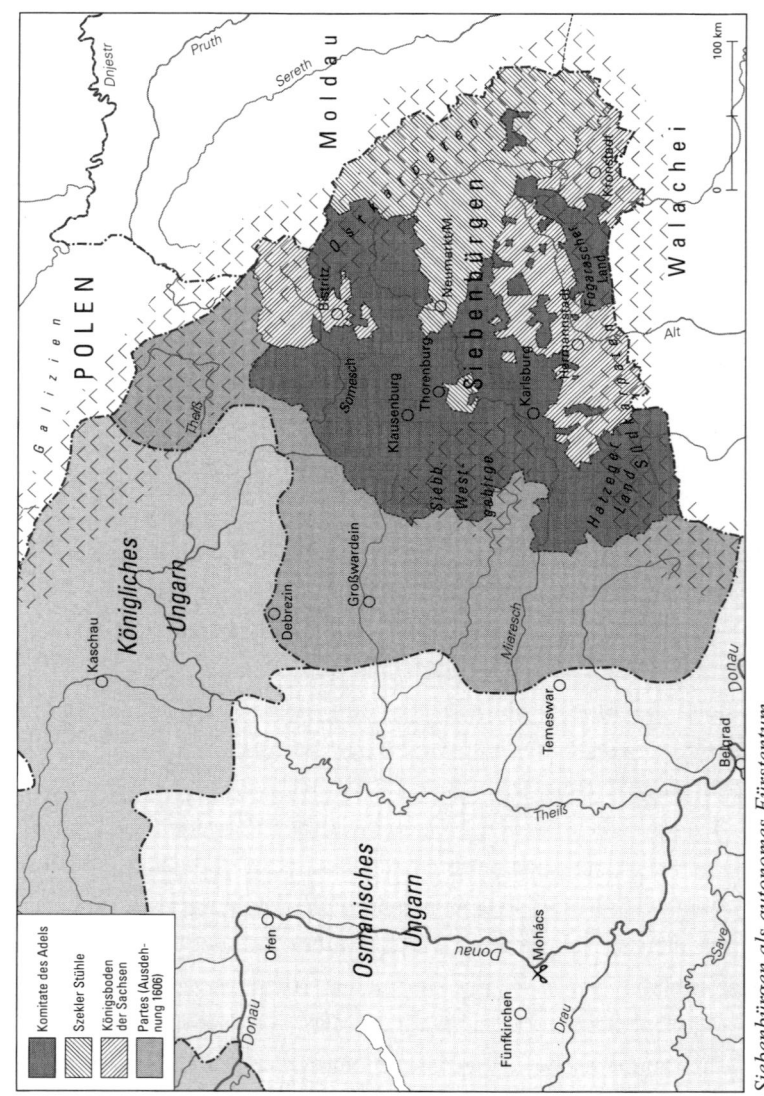

Siebenbürgen als autonomes Fürstentum

IV. SIEBENBÜRGEN ALS AUTONOMES FÜRSTENTUM

Von der Schlacht bei Mohács zur Dreiteilung Ungarns

Das Osmanische Reich hatte unter seinem Sultan Selim I. in Asien, Kleinasien und Afrika wichtige territoriale Erwerbungen machen können, die sowohl Entlastung wie auch die notwendigen Ressourcen boten, um die Expansionsbestrebungen im Nordwesten des Reiches, also in Südosteuropa, fortzuführen. Selims Nachfolger, Süleyman I., nahm bereits 1521 die Festung Belgrad ein. 1526 folgte ein weiterer Vorstoß gegen Ungarn, der für ganz Ostmitteleuropa schicksalbestimmend werden sollte. Die ungarische Landesverteidigung war 1526 jedoch weder organisatorisch noch wehrtechnisch dazu in der Lage, dem osmanischen Heer wirksam entgegenzutreten. Der niedere Adel verweigerte dem jungen König Ludwig II. teilweise die Gefolgschaft. Der König selber befolgte die Ratschläge des inzwischen zu einem der größten Grundherren des Reiches gewordenen Woiwoden Siebenbürgens, Johann Szapolyai, nicht, und zog den Osmanen mit seinen meist schwerfälligen Truppen, die zahlenmäßig etwa ein Fünftel des gegnerischen Heeres ausmachten, nach Süden entgegen. Kaiser Karl V., der Schwager des ungarischen Königs, der hätte Hilfe leisten können, war gerade selbst mit der Abwehr eines antihabsburgischen Bündnisses beschäftigt. Und der Woiwode Szapolyai war mit seinen Einheiten aus Siebenbürgen noch nach Südungarn unterwegs, als die Osmanen in der Schlacht von Mohács am 29. August 1526 das ungarische Heer vernichteten. Der König und ein Großteil der weltlichen und kirchlichen Würdenträger des Reiches fielen. Das mittelalterliche Königreich

Ungarn ging damit unter, auch wenn die Osmanen ihren Feldzug nicht weiter fortsetzten.

Um die Nachfolge Ludwigs II. stritten zwei Thronprätendenten, wie schon so oft in der Geschichte Ungarns: Erzherzog Ferdinand von Österreich als Erbberechtigter aus dem Wiener Vertrag mit den Jagiellonen von 1515 und Johann Szapolyai als Kandidat der Adelspartei. Beiden glückte die Krönung noch im Jahre 1526, zuerst Johann, der sich vor allem auf den niederen und mittleren Adel im Osten und Norden Ungarns stützte, dann Ferdinand, von dem sich vor allem der Hochadel und der Adel im Westen Ungarns Unterstützung in der Türkenabwehr erhofften, andererseits auch von ihm abhingen. Im Ringen um die Macht ging König Johann ein Bündnis mit dem Sultan ein, das 1529 während der osmanischen Belagerung Wiens zustande kam und den Beginn einer besonderen staatsrechtlichen Stellung Ungarns und später auch Siebenbürgens zwischen den Habsburgern und den Osmanen einleitete. Ungarn war damit nach islamischer Rechtsauffassung Teil des Osmanischen Reiches geworden, wurde gleichzeitig jedoch auch von Ferdinand als eigenes Königreich beansprucht.

Die anderthalb Jahrzehnte nach 1526 waren gekennzeichnet durch Auseinandersetzungen zwischen Szapolyai und seinen Anhängern auf der einen und den Habsburgern mit ihrer Partei und ihren Truppen auf der anderen Seite. Letztere waren jedoch nicht in der Lage, dem Land wirklichen Schutz vor der Türkengefahr zu bieten. Andererseits vermochte es Szapolyai nicht, sich militärisch gegenüber den Habsburgern durchzusetzen, so daß es in dieser Patt-Situation 1538 zum Frieden von Wardein zwischen den beiden Königen kam, in der sie sich gegenseitig sowie den Status quo der jeweiligen Einflußbereiche anerkannten; darüber hinaus sollte die Herrschaft über das Land für den Fall des erbenlosen Todes Szapolyais an Ferdinand allein übergehen und damit die Teilung des Landes überwunden werden. Es war dies ein Ergebnis der diplomatischen Bemühungen Bruder Georg Martinuzzis, des Schatzmeisters und wichtigsten Beraters Szapolyais. Martinuzzi trat mit großem Einsatz und einer für die Zeitgenossen undurchsichtigen Schaukelpolitik für die Einheit Ungarns ein, dessen Spaltung mangels einer dominanten Macht bereits Realität war.

Als Szapolyai 1540 starb, hinterließ er einen wenige Wochen alten Sohn, Johann Sigismund. Martinuzzi ließ ihn zum König wählen und übernahm die Regierung, damit den Vertrag von 1538 brechend. Erst in dieser ungewissen Situation, da ihnen Ungarn als Aufmarschgebiet nicht mehr sicher schien, sahen sich die Osmanen 1541 veranlaßt, die Hauptstadt Ofen (Buda) einzunehmen und einen Großteil der Ungarischen Tiefebene zu besetzen, angeblich zum Schutze des Halbwaisen Johann II. Sigismund. Als sich die osmanische Herrschaft im Herzen Ungarns zunehmend festigte, begann Martinuzzi mit dem Aufbau eines eigenständigen Staatsgebildes im Osten Ungarns, die Woiwodschaft Siebenbürgen und mehrere westlich und nordwestlich anschließende, noch nicht osmanisch besetzte Komitate umfassend. Auf Wunsch des Sultans sollten diese Gebiete unter der Herrschaft Johann Sigismunds stehen, damit dessen Erbrecht für diesen Teil des Reiches bestätigend.

Die Teilung des Landes in drei Herrschaftsbereiche hatte Kontur gewonnen. Während die Osmanen den mittleren Teil als Paschalik Buda militärisch, wirtschaftlich und religiös ihrem Reich voll eingliederten, wahrten die unter habsburgischer Herrschaft stehenden Gebietsstreifen im Süden (mit Teilen Kroatiens), im Westen und im Norden (Oberungarn), das sogenannte „königliche Ungarn", die eigentliche staatsrechtliche Kontinuität. Siebenbürgen im Osten mit den ihm angegliederten ungarischen Komitaten bewahrte – von Beginn an unter osmanischer Oberhoheit – die größte Eigenständigkeit sowie – aus Sicht des Adelsstandes – eine ideelle Kontinuität.

Beim Aufbau eines Staatsapparates griff Martinuzzi auf die bereits bestehenden Institutionen zurück und veranlaßte eine Erneuerung der

„brüderlichen Union" der drei *nationes* des 15. Jahrhunderts, womit die Stände des Adels, der Szekler und der Sachsen staatstragend wurden. Er selbst ließ sich zum Statthalter wählen, während Isabella, die Mutter Johann Sigismunds, die Regentschaft für ihren Sohn ausübte. Beim ersten regulären Landtag der Stände wurde die Schaffung eines Fürstenrats beschlossen, dem neben dem Statthalter beziehungsweise Regenten eine je gleiche Zahl von Vertretern der einzelnen Stände angehören sollten (die Zahl schwankte zwischen vier und zwölf). Darüber hinaus „sind die drei Nationen übereingekommen, gegenseitig Frieden zu halten, alle Angelegenheiten des Reiches auf dieselbe Weise und durch gleichen Rat und Übereinstimmung aller zu ordnen, und dem Statthalter gehorsam zu sein gemäß der Freiheit und alten Gewohnheit des Landes" (3. Landtagsartikel vom 31. März 1542). Die schon im 15. Jahrhundert bestehende Gleichberechtigung der drei *nationes* fand ihre Fortsetzung

Die Siegel der drei „Nationen": Adelskomitate, Sachsen, Szekler (Stand 1692).

in der Bestimmung, die für den Beschluß eines Gesetzes im Landtag weitgehende Einstimmigkeit vorschrieb: Jeder Stand besaß eine Stimme (Kuriatvotum), Gesetze bedurften zur Erlangung der Rechtskraft aller drei Nationssiegel neben jenem des Landesherrn. Schließlich wurden Fragen der Landesverteidigung geregelt und vereinbart, daß sich der Landtag nur mit gesamtsiebenbürgischen Fragen befassen sollte, die Stände blieben in ihren jeweiligen inneren Angelegenheiten autonom. Siebenbürgen war von Anbeginn seiner Selbständigkeit ein Wahlreich, wobei die Kandidaten stets aus den Reihen des Komitatsadels kamen. Die Pforte behielt sich die Bestätigung vor und mischte sich mit Ausnahme einiger Krisenzeiten im 17. Jahrhundert, als sie auf der Wahl ihrer Kandidaten bestand, nur wenig in die inneren Angelegenheiten des Landes. Der Landesherr, der seit 1570 den Fürstentitel trug, berief den Landtag ein, und zwar mindestens einmal jährlich, während mehrerer Jahrzehnte auch öfter, so daß während der Jahre 1541 bis 1691 insgesamt 299 Landtage stattfanden. Darüber hinaus leitete der Landesherr die Außenpolitik des Landes, die frei war, sofern sie sich nicht gegen das Osmanische Reich richtete; er war oberster Richter und Befehlshaber, wenn die Pforte Heeresfolge forderte.

Die hier in groben Zügen skizzierte Verfassung Siebenbürgens war nicht schriftlich fixiert, sondern ergab sich aus den verbrieften Rechten der einzelnen Stände einerseits, dem Gewohnheitsrecht und den Landtagsbeschlüssen andererseits. Letztere wurden erst im 17. Jahrhundert zusammengetragen und in den Sammlungen der *Approbatae* 1653 sowie der *Compilatae* 1669 vom Landtag angenommen. Der Adel verfügte über das schon erwähnte *Tripartitum*, das – wenn auch nicht als Gesetz verabschiedet – nur in Siebenbürgen tatsächlich Anwendung fand. Für den Stand der Szekler wurde 1555 eine Sammlung von Freibriefen und Munizipalverfassungen vorgelegt. Die Sachsen schließlich ließen ihre „Statuta oder Eigen-Landrecht der Sachsen in Siebenbürgen" 1583 vom Fürsten bestätigen und bewahrten sie als Grundlage ihrer Rechtsprechung bis ins 19. Jahrhundert.

Für das Land Siebenbürgen finden wir in den lateinischen Quellen den Begriff *regnum*, wobei die angeschlossenen ostungarischen Komitate als *partes adnexae* nicht mit eingeschlossen waren und stets eigens angeführt wurden. Die sich solcherart und mit osmanischer Rückendeckung manifestierende Eigenständigkeit des Landes wurde durch das Lavieren Martinuzzis und Interventionen habsburgischer Truppen jedoch schon bald in Frage gestellt. Isabella und Johann Sigismund, den der Landtag von 1542 als gewählten König anerkannte, mußten das Land 1551 verlassen. Noch im gleichen Jahr ließ der Befehlshaber der kaiserlichen Truppen den inzwischen zum Woiwoden Siebenbürgens ernannten, jedoch undurchsichtigen und wenig gefügigen Martinuzzi ermorden.

Schon zu Beginn seiner „Selbständigkeit" zeigt sich, wie sehr Siebenbürgen zum Spielball der Politik zweier Großmächte und in seiner eigenen Entfaltung von deren jeweiliger Lage abhängig geworden war. Ferdinand war vollauf mit den Auseinandersetzungen mit den Protestanten im Heiligen Römischen Reich, dessen König er zwischenzeitlich geworden war, beschäftigt und vermochte kaum das „königliche Ungarn" gegen die Osmanen zu schützen, dann erst dem weit entfernt gelegenen Siebenbürgen ausreichende Unterstützung zu bieten. Den Strafexpeditionen der Osmanen nach 1551 und ihrem Verlangen auf Wiedereinsetzung Isabellas und ihres Sohnes konnte demnach auch kaum etwas entgegengesetzt werden, so daß die Stände die Erben Szapolyais 1556 zurückriefen. Trotz der damit verbundenen Lossagung vom Habsburger Ferdinand als ungarischem König blieb die eigentümliche staatsrechtliche Zwischenstellung des Landes bestehen. Auf der einen Seite unterstellten sich die Stände ausdrücklich der Oberhoheit der Hohen Pforte, die die innere Autonomie und die Verfassung des Landes garantierte. Auf der anderen Seite aber wurden Siebenbürgen und die Partes nach wie vor als Teile des Königreichs Ungarn, das formal nie zu existieren aufhörte, angesehen und von den Habsburgern als den Königen Ungarns beansprucht. So erkannten die Fürsten Siebenbürgens seit 1570, als sich Johann II. Sigismund als Gegenleistung für die eigene Anerkennung als Fürst dem ungarischen König unterstellte, die nominelle Oberhoheit der Habsburger an, empfingen ihre Bestätigung und Investitur als Fürsten aber dennoch von den osmanischen Sultanen, denen sie neben dem jährlichen Tribut auch ein Treueversprechen leisten mußten.

Während der ersten Hälfte des 16. Jahrhunderts hatte sich das Gesicht ganz Ostmittel- und Südosteuropas stark verändert. Die Walachei und die Moldau gerieten in den Status von Vasallen des Osmanischen Reiches, das Siebenbürgen damit von drei Seiten her einschloß. Gleichzeitig begründeten die Habsburger nach 1526 ihre Herrschaft über weite Teile Mittel- und Ostmitteleuropas, da sie nach dem Tod Ludwigs II. dessen Erbe auch in Böhmen, Mähren, Schlesien und den Lausitzen antraten. Im Norden sollten Polen und Litauen bald einen Staatsverband bilden, das Deutschordensland und Kurland kamen bereits vorher unter polnische Oberhoheit. Die Selbständigwerdung Siebenbürgens als relativ kleines Fürstentum stand damit eher für eine gegenläufige Tendenz, was seinen politischen Spielraum bestimmen sollte. Erwähnenswert ist in diesem Zusammenhang, daß Siebenbürgen mit einer Vielzahl europäischer Staaten diplomatische Beziehungen unterhielt, von Konstantinopel über Länder des Heiligen Römischen Reiches bis nach Skandinavien und England.

Humanismus und Reformation

Die wiederholte Entscheidung für die Unterstellung unter die Oberhoheit der Hohen Pforte wurde – abgesehen von den realpolitischen Erwägungen – durch einen Umstand besonders gefördert: Die Reformation, die bereits seit den zwanziger Jahren Anhänger in Siebenbürgen hatte, breitete sich nach 1541 mit großer Schnelligkeit aus. Während die ersten Landtage in dieser Frage noch abwartend waren, wurde bereits 1552 entschieden, niemanden in der Ausübung der eigenen Religion zu hindern. Die Landtage von 1557 und 1558 bekräftigten diese Entscheidung und erhoben die Glaubensfreiheit zum Gesetz. Dabei ging es zunächst um den katholischen und den lutherischen Glauben, denen 1564 die Anerkennung des rasch an Zulauf gewinnenden Calvinismus und schon 1568 des anfangs besonders in Kreisen des Adels verbreiteten

Unitarismus (Antitrinitarismus, Sozinianismus) folgte. 1571 fand die siebenbürgische Religionsgesetzgebung ihren Abschluß, als der in der Nachfolge Johann Sigismunds als neuer Landesherr gewählte Stephan Báthory einen Eid auf die Wahrung der Freiheit der vier „rezipierten", also voll anerkannten Konfessionen leisten mußte. Die Orthodoxen galten lediglich als „toleriert".

Die Religionsfreiheit galt künftig zusammen mit den „Privilegien" der Stände als kostbarstes Gut der Verfassung Siebenbürgens. Jeder Fürst mußte dessen uneingeschränkte Achtung garantieren. Der Kampf der Habsburger gegen die Protestanten und die Rekatholisierungsbestrebungen in den eigenen Erbländern und bald auch im königlichen Ungarn sowie deren Bemühen um Einführung einer zentralistischen Verwaltung und Zurückdrängung ständischer Vorrechte konnte den Ständen Siebenbürgens die Entscheidung für die Unterstellung unter die Oberhoheit der Osmanen nur erleichtern. Das *regnum* Siebenbürgen, König Johanns Land, galt nämlich als freiwillig unterworfen, *dar al-'ahd* nach islamischem Recht, so daß Rechts- und Sozialstrukturen beibehalten und die jeweiligen Religionen ohne Beeinträchtigung weiter ausgeübt werden konnten. Zwar ergab sich bei den Vertretern der Stände immer wieder ein Gewissenskonflikt, wenn sie sich einem nichtchristlichen Herrscher unterstellen mußten. Die unter den Sultanen genossene Gewissens- und Glaubensfreiheit wog – sofern die Habsburger nicht gerade überzeugende Schutzversprechen gemacht hatten – stärker.

Bei der Beurteilung der siebenbürgischen Religionsfreiheit darf jedoch nicht vom heutigen Verständnis des Toleranzbegriffs ausgegangen werden. Es war zwar durchaus üblich, daß an ein und demselben Ort mehrere Konfessionsgemeinschaften bestanden. Bei der zentralen Rolle, die Glaubensfragen im Alltag der frühen Neuzeit spielten, konnte es nicht zu einer vollen Anerkennung der jeweils anderen Bekenntnisse kommen. Es kam jedoch zu einem duldsamen Nebeneinander, das ermöglicht wurde durch die in den Führungskreisen der siebenbürgischen Stände aus der humanistischen Bildung heraus erwachsenen Atmosphäre. Die politischen Gründe für die Anerkennung von vier Konfessionen sind einerseits in der militärischen Bedrängnis des Landes, das sich keine inneren Streitigkeiten leisten konnte, andererseits in dem verfassungsmäßig vorgegebenen Ausgleichsbemühen zwischen den Ständen zu suchen.

Die gegenüber der griechisch-orthodoxen Kirche geltende „Toleranz" bedeutete lediglich, daß ihre Angehörigen in der Ausübung ihrer Religion nicht behindert wurden, beinhaltete jedoch nicht gleiche Rechte wie sie die vier Konfessionen der Stände besaßen. So war etwa das Recht zum Bau von Kirchen eingeschränkt, die Priesterschaft war hinsichtlich ihrer rechtlichen Kompetenzen und ihrer Besteuerungsmöglichkeiten weniger gut ausgestattet. Der orthodoxen oder – dem Sprachgebrauch der Zeit entsprechend – „schismatischen" Kirche gehörten, wie schon erwähnt, Rumänen, Griechen und Slaven an. Da die Orthodoxen in den drei Ständen keine fürsprechende Vertretung hatten, fehlte ihnen der politische Arm zur Durchsetzung der „Rezeption" ihrer Konfession.

Das Glaubensbekenntnis als Unterscheidungskriterium für ethnische Zugehörigkeit gewann durch die Reformation eine weitere Grundlage. Zwar gab es seitens der adeligen oder städtischen Grundherren (sie besaßen zum Teil inzwischen ausgedehnte Dominien) Bemühungen, den „Griechen" das Evangelium in der eigenen Muttersprache statt im Kirchenslavischen näherzubringen – hierauf gehen die ersten Übersetzungen und die ersten Drucke in rumänischer Sprache zurück –, doch bestärkte dies eher noch die Tendenz der Übereinstimmung von Konfession, Ethnie und Sprachgemeinschaft. In diesem Sinne wirkten die Übersetzungen und Drucke des in Kronstadt tätigen Diakons Coresi, wobei bei ihm durchaus reformatorische Einflüsse feststellbar sind. Bestrebungen Johann Sigismunds gegen Ende der 1560er Jahre, die

Orthodoxen durch Gründung einer rumänisch-reformierten Kirche dem Protestantismus näherzubringen, gingen schon unter seinem katholischen Nachfolger, Stephan Báthory, ins Leere, obschon diese Kirche weiterbestand. Báthory förderte hingegen die Orthodoxen 1574 durch Schaffung eines Bischofssitzes in Weißenburg; dieser setzte sich als zentrale geistliche Institution der Rumänen Siebenbürgens durch.

Am frühesten faßte die Reformation in den sächsischen Städten Fuß. Von Kronstadt ausgehend, wo der humanistische Gelehrte Johannes Honterus 1543 ein „Reformationsbüchlein" herausgab, wurde sie bald

Das Tal des Kleinen Somesch im Nordwesten Siebenbürgens.

auch in den anderen Städten dominant, so daß sich die Sächsische Nationsuniversität veranlaßt sah, den bereits allerorten durchgeführten Anschluß ans Luthertum 1547 durch die Herausgabe einer „Kirchenordnung aller Deutschen in Siebenbürgen" zu regeln. Das Bedeutsame daran ist, daß dieses Regelwerk für die ethnische oder Sprachgemeinschaft der Deutschen auf Königs- und Komitatsboden galt, nicht nur für die Sachsen im rechtlichen Sinn, für die die Nationsuniversität eigentlich zuständig gewesen wäre. Es wurde damit erstmals ein Beschluß gefaßt, der sich ungeachtet rechtlicher Grenzen direkt auf ein

Ethnikum bezog. Zwar gehörten der lutherischen Kirche über Jahrhunderte hinweg auch einige nichtdeutsche, zumeist ungarischsprachige Gemeinden an, doch entwickelte sich der Begriff Lutheraner schon bald zu einem Synonym für Deutsche. Mit der Entscheidung für das Deutsche als Verkündigungssprache führten die eine Zeitlang verfolgten Versuche zur Gründung einer gesamtsiebenbürgischen evangelischen Kirche nicht weiter. 1556 etablierte sich mit der Wahl eines eigenen Bischofs, Franz Davidis, in Klausenburg eine eigene ungarischsprachige lutherische Kirche. Neben dem Bürgertum hingen dem Luthertum zu diesem Zeitpunkt, da es als erstes nichtkatholisches Bekenntnis vom Landtag anerkannt wurde, auch weite Teile des Adels mit ihren Untertanen sowie der Szekler an.

In den nichtsächsischen Marktflecken, beim Adel und unter den Szeklern hatte die Lehre Calvins bis Mitte der 1560er Jahre zahlreiche Anhänger gefunden, in Teilen der Partes war sie bereits dominant. Religiöse Auseinandersetzungen führten 1559 zum Übertritt des Bischofs Davidis zum reformierten Bekenntnis, seine Gemeinde allmählich nach sich ziehend. Wesentlichen Anteil an der Verbreitung dieser Ideen und an der Förderung der ungarischen Sprache, Geschichtsschreibung und Dichtung hatte der in Klausenburg wirkende Gelehrte Kaspar Helth, dessen Buchdruckerei eine außerordentlich fruchtbare Tätigkeit entfaltete. Überhaupt gelangte die Buchkultur im 16. Jahrhundert in Siebenbürgen zu hoher Blüte und belegt eindrucksvoll nicht allein die regen Verbindungen zu den Zentren und Köpfen des Humanismus und der Reformation in Mittel-, West- und Südeuropa, sondern auch den Austausch mit der Ostkirche und die Auseinandersetzung mit der eigenen Zeitgeschichte.

Schon 1564 wählte die sich konstituierende reformierte (calvinistische) Kirche Siebenbürgens Franz Davidis zu ihrem Bischof. In der Biographie dieses Mannes spiegeln sich einerseits die Komplexität des Reformationsprozesses in Siebenbürgen, andererseits dessen Möglichkeiten und Grenzen wider. Intensive theologische Auseinandersetzungen führten Davidis binnen weniger Jahre zum Unitarismus, dabei vor allem durch den Fürsten, dessen Hofprediger er war, und den Adel gestützt. Von Siebenbürgen aus gewann diese Glaubensrichtung, 1568 als viertes Bekenntnis vom Landtag anerkannt, bald Anhänger jenseits der Landesgrenzen. In Siebenbürgen schlossen sich ihm außer Teilen des Adels auch Teile des ungarischsprachigen Bürgertums, etwa Klausenburgs, und der Szekler an.

Um 1570 war der Katholizismus in Siebenbürgen fast völlig verdrängt, rund 90 Prozent der Angehörigen der Stände waren Anhänger protestantischer Konfessionen. Lediglich ein Teil des Adels der Partes sowie einige Szekler-Stühle, vor allem die Csík, blieben katholisch. Die katholische Kirchenorganisation wurde 1556 vom Landtag aufgelöst, der Weißenburger Bischofssitz dem Landesfürsten als Residenz übereignet. Erst 160 Jahre später sollte der Bischofsstuhl wieder regulär besetzt werden. Mit der Wahl des Katholiken Stephan Báthory, des reichsten Magnaten Ostungarns, zum neuen Landesherrn 1571 war der weiteren Ausbreitung der Reformation jedoch ein Riegel vorgeschoben, gleichwohl die bestehende Religionsfreiheit nicht beschnitten wurde. Allerdings wurde Davidis, der immer radikalere theologische Positionen vertrat, die ins Sektierertum gingen, in seine Schranken gewiesen und schließlich in Haft genommen. 1575 auch zum König von Polen gewählt, zwang Báthory 1579 den Landtag, die Jesuiten ins Land zu lassen; sie begannen eine erfolgreiche Bildungs- und Missionsarbeit zu entfalten.

Die Religionsfreiheit, von den Ständen wie der eigene Augapfel gehütet, wurde zum schwierigsten Diskussionspunkt in den stets von neuem begonnenen Verhandlungen mit den katholischen Habsburgern. Die Konfessionen waren ständeübergreifend. Lediglich im Falle der Sachsen waren alle Standesangehörigen lutherisch, aber nicht alle Lutheraner Angehörige dieses Standes, da ein Teil der lutherischen

Deutschen auf Adelsboden lebte; hinzu kamen vereinzelte ungarische lutherische Gemeinden. Die Reformierten waren ganz überwiegend ungarischsprachig, jedoch sowohl dem Adel wie den Szeklern zugehörig oder auf ihren Territorien und in den Städten lebend. Ähnliches gilt für den Unitarismus. Die unterprivilegierten Orthodoxen waren fast ausschließlich Rumänen oder zugezogene Kaufleute aus dem Südosten. Die Frage der Deckungsgleichheit von Ethnie und Konfession wird sich zu einem späteren Zeitpunkt erneut stellen. Mit der Verwirklichung weitgehender Glaubensfreiheit war in dem jungen Staat ein Modell geglückt, das in Europa keine Vorgänger kannte und während der folgenden Jahrzehnte und selbst Jahrhunderte Glaubensflüchtlingen unterschiedlichster Herkunft, selbst Sekten Zuflucht bieten sollte.

Das Fürstentum zwischen Osmanen und Habsburgern

Die Außenpolitik des jungen Fürsten Sigismund Báthory am Ende des 16. Jahrhunderts offenbarte die labile politische Lage und die Machtlosigkeit des Fürstentums sowie seine Abhängigkeit vom Gleichgewicht zwischen den Machtblöcken: Als der Fürst 1594 der gegen die Osmanen gerichteten Heiligen Liga unter Führung der Habsburger beitrat, holte er den sogenannten „Langen Türkenkrieg" für die nächsten zwölf Jahre auch ins Landesinnere. Während dieser Zeit kam es zu Zuständen, die bereits aus den 1550er Jahren bekannt waren: Kaiserliche Truppen besetzten das Land mehrmals und beanspruchten die Herrschaft im Namen des habsburgischen Königs, sie lieferten sich Auseinandersetzungen mit den Osmanen, setzten die Landesverfassung außer Kraft, unterbanden die Religionsfreiheit und betrieben die Rekatholisierung des Landes. Die Stände wehrten sich dagegen heftig, doch vergebens. Bis 1605 wechselte die Landesherrschaft mehrmals von Sigismund Báthory zu den kaiserlichen Generälen, von den Favoriten der Habsburger zu jenen der Osmanen oder Polens. Politische, gesellschaftliche, wirtschaftliche und kulturelle Prosperität des Fürstentums, dessen nachgeordneter Vasallenstatus hier überdeutlich zum Ausdruck kam, wurden völlig unterbunden, die Bevölkerung dramatisch dezimiert.

Während dieser Wirren im Kampf um politischen Einfluß und Macht in einer Pufferzone kam es zu einem Intermezzo, das für die moderne rumänische Geschichtsschreibung und das aktuelle rumänische Nationalbewußtsein von grundlegender Bedeutung werden sollte.

Michael, der Woiwode der Walachei (1593-1601), der den Osmanen 1595 zusammen mit dem Wardeiner Kapitän Stephan Bocskay an der Donau eine schwere Niederlage zugefügt hatte, griff 1599 überraschend auf der Seite der Habsburger in die Auseinandersetzungen in Siebenbürgen ein. Dort besiegte er Andreas Báthory, der kurz vorher von Sigismund als Landesherr eingesetzt wurde, und übernahm die Herrschaft über das Fürstentum. Kaiser Rudolf II. erkannte ihn als seinen Statthalter an. Als Michael während des Sommers 1600 auch die Moldau kurzzeitig unter seine Herrschaft brachte, konnte er den Titel „Fürst der Walachei, Siebenbürgens und der ganzen Moldau" führen. Nach mehreren militärischen Rückschlägen führten Intrigen schon im Sommer 1601 zur Ermordung Michaels durch Truppen des kaiserlichen Generals Basta.

In der rumänischen Geschichtsschreibung ist Michael mit dem Zunamen „der Tapfere" als erster Einiger der „drei rumänischen Länder" und damit als erster Verwirklicher der nationalen Vereinigung der Rumänen präsent und bereits seit dem 19. Jahrhundert eine der herausragenden nationalen Identifikationsfiguren. Daß dabei eine Rückprojizierung der Idealvorstellungen der Nationalbewegung und des Nationalismus des 19. und 20. Jahrhunderts stattfindet, wird von der rumänischen Öffentlichkeit nicht zur Kenntnis genommen. Es gibt kaum Anhaltspunkte dafür, daß es Michael bei der Vereinigung der Herrschaft über die drei Fürstentümer in seiner Person um ethnische Belange ging, und auch nicht dafür, daß es ein Zusammengehörigkeitsbewußtsein der Bevölkerungen oder der Führungsschichten dieser Länder gab. Michael unternahm während seiner knapp einjährigen Herrschaft in Siebenbürgen fast nichts, was auf eine Anerkennung der Rumänen als Stand oder der Orthodoxen als rezipierte Religionsgemeinschaft hindeutet. Es blieb ein eher zufälliges Zwischenspiel, ermöglicht einerseits durch die politische Instabilität und den tobenden Machtkampf während des Türkenkrieges, andererseits durch das herausragende militärische Talent Michaels, der daher den Beinamen „der Tapfere" zu Recht verdient.

Das blutige Regiment des kaiserlichen Generals Basta und seiner Offiziere in Siebenbürgen, den Partes und im königlichen Ungarn, das die politische Freiheit der Stände und vor allem die Religionsfreiheit drastisch beschnitt oder aufzuheben versuchte, beschwor schließlich einen Aufstand hervor. So wie die Fürsten Siebenbürgens bis zur Mitte des 17. Jahrhunderts aus den großen und begüterten Magnatenfamilien der Partes oder Oberungarns stammten, die auf diese Weise im Fürstentum eine Zuflucht zur Wahrung ihrer Standesfreiheiten suchten, so ging auch diese Bewegung unter Stephan Bocskay 1604 vom nördlichen, unter Habsburger Herrschaft stehenden Streifen Ungarns aus. Im Verbunde mit den Haiducken – Freischärlern heterogener ethnischer Herkunft, zu jener Zeit wesentlich verstärkt durch ungarische Flüchtlinge – errang er wiederholte Siege über kaiserliche Truppen und fand demzufolge zahlreichen Zulauf vom Adel, den Städten und schließlich auch von den Szeklern. 1605 sowohl vom ungarischen wie vom siebenbürgischen Landtag zum Fürsten gewählt, fand Bocskay die Anerkennung der Pforte, so daß sich Kaiser Rudolf II. mit ihm im Wiener Frieden 1606 arrangieren mußte. Ständische Rechte und Religionsfreiheit wurden in Siebenbürgen wie im königlichen Ungarn wiederhergestellt, die Selbständigkeit des Fürstentums, das Gebietsgewinne im Westen erhielt, gefestigt. Das militärische Patt zwischen Habsburgern und Osmanen wurde in der Folge durch den ebenfalls noch 1606 geschlossenen Frieden von Zsitvatorok mit der gegenseitigen Anerkennung des Status quo beigelegt. Damit wurde eine Periode längerdauernden Friedens eingeleitet, sieht man von den permanenten Scharmützeln entlang den Grenzen des Osmanischen Reiches und von internen Auseinandersetzungen in Siebenbürgen ab.

Die ungarische Historiographie pflegt die nun einsetzende Epoche dominanter Fürstenmacht mit „Goldenes Zeitalter des Fürstentums" zu betiteln. Außenpolitisch erlangte das Land tatsächlich seine größte Unabhängigkeit, Wirtschaft und Kultur konnten sich ohne größere Einschnitte kontinuierlich entwickeln, wenngleich die hierfür notwendigen Verbindungswege nach Westen aufgrund der politischen Verhältnisse gering und gefährlich waren. Im Inneren freilich brachte die Fürstenzeit Siebenbürgen eine Vielzahl verheerender Kriege und katastrophaler Hungersnöte. Die Bocskay folgenden Fürstenpersönlichkeiten führten ein straffes Regiment. Doch schon Gabriel Báthory bescherte dem Land erneut Unruhe: Er schränkte die ständischen Freiheiten vor allem der Sachsen drastisch ein, bemächtigte sich Hermannstadts als des Vororts ihres Standes und setzte, mit dem städtischen Vermögen ausgestattet, zu großangelegten Kriegszügen an. Die Sachsen stellten sich der Bedrohung ih-

Gabriel Bethlen als Fürst von Siebenbürgen (zeitgenössischer Stich mit den Wappen der Stände sowie seinem eigenen).

rer rechtlichen Existenz genauso entgegen wie dies die Gemeinszekler schon 1562 und 1595/96 in Aufständen gegen den eigenen wie den Komitatsadel versuchten. Die bekannte Schaukelpolitik zwischen den Machtblöcken und Intrigen brachten 1613 schließlich den Führer der antihabsburgischen Opposition, Gabriel Bethlen, auf den siebenbürgischen Fürstenthron. Unter seiner und seines Nachfolgers, Georgs I. Rákóczi, Regierung fand eine tatsächliche Konsolidierung des Staatswesens und seiner zerrütteten Wirtschaft statt. Die planmäßige Stärkung ihres Amtes, von persönlichem Ehrgeiz wesentlich mitbestimmt, erlaubte es den beiden von der barocken Zeitströmung geprägten Fürsten, aktiv auf protestantischer Seite am Dreißigjährigen Krieg teilzunehmen. In seinem Kampf gegen die Habsburger dachte Bethlen an eine Wiedererringung der Einheit Ungarns unter osmanischer Oberhoheit. Georg I. Rákóczi erreichte schließlich, daß die Selbständigkeit des Fürstentums Siebenbürgen im Westfälischen Frieden 1648, wo es als Signatarmacht auftrat, verbindlich bestätigt wurde. Die merkantilistische Wirtschaftspolitik stellte sich für das vor allem mit Agrar- und Gewerbeprodukten handelnde Land als vorteilhaft heraus, wobei der Binnenmarkt besser ausgebaut wurde. Der Bergbau nahm hingegen an Bedeutung stark ab. Die am Ausgang des Mittelalters in der Levante verlorenen Märkte konnten durch intensivere, wenngleich immer wieder eingeschränkte Erschließung der Nachbarprovinzen und durch den Handel mit den osmanischen Ländern in gewissem Rahmen aufgefangen werden. Aus anderen Gegenden zuziehende Kaufleute, etwa Armenier, etablierten sich unter den Fürsten und ließen sich vor allem in den sogenannten „Taxalorten" nieder. Diese Städte und Märkte mit innerer Autonomie lagen meist in den Adelskomitaten, hatten ihre politische Vertretung im Rahmen dieses Standes und entrichteten ihre Steuern (teilweise über den Grundherrn) an die Landeskasse.

Die siebenbürgischen Fürsten traten während dieser Jahrzehnte gegenüber dem Haus Habsburg stets auch als Wahrer der Rechte des oberungarischen Adels auf. Das Fürstentum Siebenbürgen entwickelte sich zu einem Rückzugsgebiet des Adels wie des Bürgertums, die ihre ständischen Privilegien oder ihre Religionsfreiheit bedroht sahen: Es wurde zum Ausgangspunkt der auf die Wiedererrichtung des alten Reichs der Stephanskrone hinzielenden Bestrebungen. Dieses Phänomen hatte keinerlei ethnischen Hintergrund, sondern ging – der polnischen Adelsrepublik vergleichbar – vom ständisch verfaßten Staat unter der (mythisch verklärten) ungarischen Krone aus. Gleichwohl sollte Siebenbürgen durch seine Funktion als freiheitlicher Zufluchtsort zunächst im Bewußtsein der ungarischen „Nation", später in der dieses Bewußtsein fortführenden Nationalbewegung eine herausragende Rolle als eines der Kernländer zunächst des ungarischen Staates, dann des ungarischen Volkes einnehmen. Die problemlose Übertragung dieses Bewußtseins in den folgenden Jahrhunderten auf das Bürgertum wurde durch den hohen prozentualen Anteil des Adels an der Gesamtbevölkerung erleichtert: Für das 18. Jahrhundert wurden für Siebenbürgen rund sechseinhalb Prozent errechnet, was – auch hier Polen vergleichbar – weit über dem europäischen Durchschnitt lag.

Die Herrschaft Georgs II. Rákóczi, der seinem Vater 1648 in der Fürstenwürde folgte, war weniger erfolgreich, da er sich ohne Abstimmung mit der Pforte in der Außenpolitik versuchte, um die polnische Königskrone zu erlangen. Die sich unter den Großwesiren der Köprülü nach der Zeit der „Weiberherrschaft" gerade wieder konsolidierende Führung des Osmanischen Reiches griff mit ihrer ganzen Macht ein, verwüstete das Land, annektierte weite Teile im Westen mit Wardein und zwang das Fürstentum auf den Status eines Vasallenstaates herab, in dem die Fürsten wie Marionetten eingesetzt wurden. Der bis dahin eher symbolische Tribut an die Pforte wurde merklich erhöht. Die Eskapaden des siebenbürgischen Fürsten führten zu weitreichenden habsburgisch-osmanischen Kämpfen, die erst im Frieden von Eisenburg 1664 beigelegt, wenn auch nicht gelöst wurden und weitere

Auseinandersetzungen um die Vorherrschaft ankündigten. Gleichzeitig erhielt die antihabsburgische Stimmung im ungarischen Adel einen erneuten Antrieb. Die Bevölkerungsverluste und die Zerstörung vor allem der Orte der Stände hatten abermals katastrophale Ausmaße.

Der von den Osmanen 1661 als Fürst eingesetzte und von den Ständen nur mehr bestätigte Michael Apafi aus originär siebenbürgischem Geschlecht gewährte dem Land trotz seiner eingeschränkten politischen Handlungsfreiheit erneut eine Zeit zumindest mäßig prosperierender Entwicklung. Die Stände gewannen gegenüber dem Fürsten erneut an Einfluß. Dessen Verpflichtung gegenüber der Pforte genauso wie das Mißtrauen der Stände gegenüber dem Wiener Hof hatten jedoch eine zögerliche Haltung zur Folge, als es darum ging, mit den erfolgreichen Habsburgern während der Vertreibung der Osmanen aus dem Paschalik Buda ab 1683, nach der zweiten mißglückten Belagerung Wiens, günstige Bedingungen für die Unterstellung unter habsburgische Herrschaft auszuhandeln. Kernpunkte der Verhandlungen und Gründe für das Zögern der Siebenbürger waren auch jetzt wieder die Religionsfreiheit und die Autonomie der Stände. Die mit brutaler Gewalt erst in den beiden Jahrzehnten vorher im königlichen Ungarn durchgeführte Gegenreformation und die Verfolgung des sich gegen die Zentralisierungsversuche des Wiener Hofes auflehnenden Adels waren noch in lebhafter Erinnerung, hatten doch viele in Siebenbürgen Zuflucht gefunden. Zugleich hatte das Eigenständigkeitsbewußtsein der Führungsschicht Siebenbürgens während des 17. Jahrhunderts stark zugenommen. Dieses führte nicht nur zu einer gewissen Distanz gegenüber den Habsburgern, sondern auch gegenüber der Idee einer vollen Wiedereingliederung Siebenbürgens ins ungarische Königreich. Zweifel an der Dauerhaftigkeit der militärischen Erfolge der Habsburger und Angst vor osmanischen Repressalien verstärkten diese Tendenz.

Als sich Landtag und Fürst 1688 zur Unterstellung unter Wien durchrangen, war Ofen bereits seit zwei Jahren habsburgisch und die Kaiserlichen hatten militärisch gerade Besitz von Siebenbürgen genommen. Erst eine Erhebung des schon seit 1664 erbitterten Adels des königlichen Ungarn unter Imre Thököly im sogenannten Kuruzzenaufstand sowie Schwierigkeiten im Westen des Reiches zwangen Wien schließlich zur Anerkennung der Eigenständigkeit Siebenbürgens. Im *Diploma Leopoldinum* Kaiser Leopolds I. erreichten Fürst und Stände 1690 die Zusicherung der Religionsfreiheit, der ständischen Verfassung und ihres Besitzstandes. Der Habsburger in Wien wurde als König von Ungarn in Personalunion Fürst von Siebenbürgen. Oberster Verwaltungsbeamter wurde ein Gouverneur, dem ein Rat beigeordnet wurde; Landesämter durften nur mit Angehörigen der Stände besetzt werden. Die Siebenbürgische Hofkanzlei in Wien wurde (ab 1693) oberste Verwaltungsbehörde, wobei Siebenbürgen in das Verwaltungs-, Fiskal- und Wirtschaftssystem der Gesamtmonarchie eingegliedert wurde. Das Fürstentum blieb von kaiserlichen Truppen besetzt, die von einem für Siebenbürgen zuständigen Kommandierenden General befehligt wurden, der zeitweilig Statthalter des Landesherrn war. Die katholische Kirche erhielt als Vertreterin der Konfession des Herrscherhauses wohl gewisse Vergünstigungen, wurde den anderen Bekenntnissen aber nicht übergeordnet. Ende des 17. Jahrhunderts war der Katholizismus in Siebenbürgen bereits wieder soweit erstarkt, daß eine gute Grundlage für einen Ausbau geschaffen war. Insgesamt hatten die Stände die innere Struktur des Landes im wesentlichen erhalten und ihre Rechte wahren können, doch war ihre politische Macht geschwächt und die Autonomie des Fürstentums geschwunden. Siebenbürgen war zur Randprovinz eines Riesenreiches geworden.

Die 1690 und in den Folgejahren getroffenen Vereinbarungen sowie der 1699 zwischen Habsburgern und Osmanen in Karlowitz geschlossene Friede wurden in Ungarn und in Siebenbürgen jedoch keineswegs allgemein anerkannt. Die schon vorher einsetzende Adelserhebung gegen die habsburgische Herrschaft dauerte fort und ließ das machtpolitische wie auch das staatsrechtliche Verhältnis Ungarns wie Siebenbürgens zu den Habsburgern in der Schwebe. Dabei trat vor allem der Kleinadel im Bündnis mit Bauern gegen die kaiserliche Machtpolitik, gegen die Auswüchse der Soldateska, gegen Rekatholisierungsmaßnahmen und für die ständischen Rechte ein. Die „Kuruzzen", wie sich diese Freiheitskämpfer selber nannten, konnten während mehrerer Jahre zu Beginn des 18. Jahrhunderts weite Teile Ungarns und Siebenbürgens unter ihre Herrschaft bringen, da die Habsburger mit dem Spanischen Erbfolgekrieg im Westen ausgelastet waren. Mit Franz II. Rákóczi wurde 1704 ein neuer siebenbürgischer Fürst gewählt (ab 1705 auch Fürst von Ungarn), der bis zum Sathmarer Friede 1711 große Gebiete des Landes beherrschen sollte. In Siebenbürgen schlossen sich die Sachsen den Kuruzzen nicht an und lieferten sich mit ihnen vielfache Auseinandersetzungen. Zum dritten Mal in gut einem Jahrhundert wurde die Bevölkerung, vor allem die Standesangehörigen, drastisch dezimiert. Militärisch und politisch ohne Einfluß, waren Rumänen an diesen Kämpfen kaum beteiligt.

Die retrospektive Einstufung der Kuruzzenkriege von ungarischer Seite als nationaler Befreiungskampf hat eine gewisse Berechtigung. Dennoch ging es der Erhebung nicht um ethnische Belange, sondern um die Wahrung konfessioneller Freizügigkeit, besonders bei den Bauern um die Verteidigung oder Verbesserung des sozialen Besitzstandes, da sie außerordentlichen Bedrängungen durch die kaiserliche Soldateska ausgesetzt waren, sowie um die Verteidigung der ständischen Freiheiten und des Grundbesitzes des Adels, auf die die Wiener Zentralbehörden wenig Rücksicht nahmen. Die völlige Eingliederung Ungarns und Siebenbürgens war aus ungarischer Perspektive – bis heute – erst mit dem Sathmarer Frieden 1711 erreicht, als die die Oberhand gewinnenden kaiserlichen Truppen im wesentlichen den Stand des Leopoldinum bestätigten: Ungarn und Siebenbürgen kehrten unter die Herrschaft der Habsburger zurück, die Verfassungen der Länder wurden bestätigt, Franz II. Rákóczi floh in die Türkei, die Zeit des selbständigen Fürstentums war beendet.

Ethnische Vielfalt

Zwar blieb Latein in Siebenbürgen bis ins 19. Jahrhundert hinein die offizielle Verwaltungssprache, doch entwickelte sich das Ungarische zur dominanten Umgangssprache im politischen Leben des Landes. Die Verhandlungen im Landtag wurden ungarisch geführt, die Protokolle lateinisch mit vielfältigen ungarischen Einschüben abgefaßt. Die starke Implikation der Magnaten der Partes und der Zuzug aus dem „königlichen Ungarn" verstärkten das ungarische Element in der Landespolitik. Die Rolle der Sachsen war bestenfalls wirtschaftlich bedeutend, der krisengeschüttelte Stand der Szekler schwamm meist im Fahrwasser des Adels. Dennoch ist zu diesem Zeitpunkt von einem ethnisch-ungarischen Bewußtsein – mit der Ausnahme des Bürgertums überwiegend ungarischsprachiger Städte – nicht auszugehen: Anzeichen dafür, daß etwa der Adel bei seinen leibeigenen Bauern Unterschiede aufgrund ethnischer Zugehörigkeit gemacht hätte, fehlen. Gültiges Unterscheidungskriterium blieb die Konfession, die aus späterer Perspektive freilich ethnische Differenzierung auch für frühere Zeiten vortäuscht. So sahen sich etwa orthodoxe Untertanen eher Drangsalierungen durch ihre reformierten Grundherren ausgesetzt als deren eigene Glaubensgenossen, so durch die Bevormundung in Kirchenangelegenheiten oder wenn Frondienste an hohen kirchlichen Feiertagen zu leisten waren. In diesem Zusammenhang ist auf ethnische Verschiebungen während der Türkenzeit am Rande Siebenbürgens hinzuweisen: Weite Teile der ursprünglich ungarisch besiedelten Tiefebene oder des Banats, die während der osmanischen Herrschaft entvölkert wurden, erhielten durch die

Ansiedlung von Serben, Kroaten oder Rumänen eine andersethnische und teilweise anderskonfessionelle Bevölkerung.

Als politisch Handelnde tauchen die Rumänen noch weit über die Zeit des Fürstentums hinaus nicht auf. Da bei ihnen die Reformation nicht griff und durch die Verstärkung der Rolle der Muttersprache eher noch eine Hebung des konfessionellen Eigenbewußtseins einsetzte, war auch die Möglichkeit, über eine der anerkannten Konfessionen Einfluß in der Landespolitik oder Repräsentanz im Rahmen eines Standes zu erlangen, nicht gegeben. Die Geschichte der Rumänen in Siebenbürgen ist daher bis ins 18. Jahrhundert hinein nur über ihre Konfession, über regionale Besonderheiten und über ihren sozialen Stand zu erschließen. Es spricht manches dafür, daß sie auf dem Boden des historischen Siebenbürgen zur Zeit des Fürstentums bereits eine relative Mehrheit erlangt hatten. Die Lehrmeinungen über die Zunahme der rumänischen Bevölkerung werden nur mit geringer akademischer Distanz vertreten: Während die eine Seite von einer seit jeher demographisch dominanten, dann aber vom ungarischen, später vom siebenbürgisch-ungarischen Staat unterdrückten Bevölkerungsmehrheit ausgeht, spricht die andere von einer kontinuierlichen Zuwanderung über die Karpaten von Süden, Osten und Norden ins Landesinnere Siebenbürgens. Auch hier dürfte der Mittelweg der tatsächlichen historischen Entwicklung am ehesten entsprechen: Zu der zahlenmäßig besonders in den Gebirgsgegenden starken

Die erste rumänische Schule in der Kronstädter Oberen Vorstadt.

Gruppe der Rumänen kamen – befördert durch die Transhumanz einerseits, Kriege und Herrschaftsformen in den Herkunftsgebieten andererseits – stetig Zuwanderer aus den Nachbarprovinzen, wie sich am Beispiel der Neubesiedlung von durch Kriegseinwirkungen öd gewordenen deutschen Dörfern mit Rumänen im Süden Siebenbürgens zeigen läßt. Auch im Falle der Rumänen ist bis zum 17. Jahrhundert ein ethnisches Eigenbewußtsein nicht festzustellen. Die regionalen rumänischen Herrschaftsbereiche im Süden Siebenbürgens – etwa das Fogarascher, das Hamlescher oder das Hatzeger Land –, die kulturellen Zentren wie der Weißenburger Bischofssitz oder die Kronstädter Obere Vorstadt hatten keine weitflächige Ausstrahlung, die ein kollektives Bewußtsein hätten prägen können. In den gerade im wirtschaftlichen Bereich recht engen Beziehungen zu den Nachbarprovinzen Walachei und Moldau spielten Rumänen zwar als Beteiligte und Mittler eine Rolle, jedoch eher punktuell bei wichtigen Handelszentren. Daß etwa in der Kronstädter Oberen Vorstadt im 16. Jahrhundert die erste nachweisbare rumänische Schule und bald danach ein gutentwickeltes Buchvertriebszentrum entstanden, ist zu erklären mit der außerordentlichen Wohlhabenheit dort ansässiger rumänischer Viehhändler, sodann mit den guten Beziehungen der Stadt vor allem zur benachbarten Walachei und mit der Förderung durch den sächsischen Stadtmagistrat. Auch die sich in Hermannstadt und Kronstadt im 17. Jahrhundert herausbildenden einflußreichen „griechischen" Handelskompanien waren wohl von wirtschaftlicher Relevanz, für die Orthodoxie hatten sie gleichfalls nur punktuelle Bedeutung. Diese stand durch ihre Anbindung an die ungro-vlachische Metropolie mit Sitz in der Walachei in ständigen Beziehungen zur Kirchenorganisation am Balkan. Orthodoxe Klöster und Kirchen wurden darüber hinaus vereinzelt von den Fürsten der Moldau und Walachei gegründet oder gefördert.

Diese beiden Fürstentümer hatten einen Siebenbürgen vergleichbaren, hinsichtlich ihrer Unabhängigkeit von der Pforte aber weniger vorteilhaften Status. Der direkte Zugriff der Osmanen war hier leichter, Fürsten wurden häufig ein- und abgesetzt, schließlich mußte ein sehr hoher Tribut aufgebracht werden. Moldauische und walachische Truppen sind auf Anweisung der Pforte immer wieder zu Raub- oder Heereszügen aufgebrochen. So wurde auch Siebenbürgen wiederholt Ziel solcher „Strafexpeditionen". Die Beziehungen zur griechischen Kultur am Balkan oder zu Polen spielten eine ähnlich wichtige Rolle wie jene zu Siebenbürgen. Ein gemeinsames Bewußtsein politischer oder geistiger Eliten der drei Fürstentümer Walachei, Moldau und Siebenbürgen, das die nationalrumänische Geschichtsschreibung mit dem Begriff der „drei rumänischen Länder" immer wieder postuliert, ist für die frühe Neuzeit nicht einmal in Ansätzen zu erkennen.

Von nachhaltiger Bedeutung sollte für die Rumänen nicht nur Siebenbürgens die von den Habsburgern nach der Einnahme des Landes Ende des 17. Jahrhunderts ermöglichte „Union" der Orthodoxen mit der katholischen Kirche werden. Ab 1690 nahm die Zahl der orthodoxen Priester, die diese Union begrüßten, stetig zu. Eine Generalsynode in Weißenburg faßte 1698 schließlich einen Unionsbeschluß, dem immer mehr Geistliche und Gläubige beitraten. Erst 1701 stimmte auch der Wiener Hof zu. Gleichzeitig wiederholte er jedoch sein Angebot an die Orthodoxen, jedwelcher der vier in Siebenbürgen anerkannten Konfessionen beizutreten. Das soziale und kulturelle Gruppenbewußtsein muß jedoch überwogen haben, da die Union als ein Weg, sich den von der Landesverfassung vorgegebenen Möglichkeiten besser einzugliedern, der eher individuellen Konversionsentscheidung gegenüber bevorzugt wurde. Die Unierten gehörten der katholischen Kirche an, sie erkannten den Papst an, behielten jedoch den orthodoxen Ritus, die Bräuche und den Schmuck ihrer Kirchen. Zu ihrem Oberhaupt wurde der bisherige Weißenburger Bischof ernannt. Es handelte sich keineswegs um eine Zwangsbekehrung, gleichwohl die Unierten in der Folgezeit genauso wie die Katholiken vom Herrscherhaus und seiner weitverzweigten

Verwaltung gefördert wurden. Die unierte oder griechisch-katholische Konfession konnte sich jedoch keineswegs voll durchsetzen. In zahlreichen Orten bestanden künftig zwei rumänische Gemeinden, eine unierte und eine orthodoxe. Die Nähe der Unierten zum Katholizismus bot jedoch nicht nur die Möglichkeit der Teilhabe an den Rechten der „rezipierten" Konfessionen, sondern auch des Anschlusses an die abendländische Bildung und Wissenschaft. Die sich solcherart allmählich formende intellektuelle Schicht sollte erstmals ein ausgeprägtes ethnisches rumänisches Bewußtsein entwickeln.

Die sich in ihrer Sprache und Kultur nur gering von den Ungarn unterscheidenden Szekler durchliefen während der Zeit des Fürstentums eine Periode großer Krisen. Armut, Bevölkerungszunahme und Belastungen durch die Militärdienstpflicht führten zu einer massenweisen Unterstellung von gemeinfreien Szeklern, den Pixidarii, unter die höheren Gesellschaftsschichten, die Primipili oder die Primores. Diese verstanden es, sich die eigenen Privilegien von den Landesherren bestätigen zu lassen und die Gemeinszekler in eine leibeigenenähnliche Abhängigkeit zu bringen. Wiederholte Aufstände im Laufe des 16. Jahrhunderts hatten den allmählichen Abbau eines Teils der kollektiven Rechte zur Folge, aus dem der Landstand der Szekler mit einer neuen gesellschaftlichen Schichtung hervorging. Auch Reformversuche, die vor allem wegen des Mangels an Kriegstruppen wiederholt unternommen wurden, schlugen fehl: Als die sich der Militärpflicht durch Abwanderung in die Leibeigenschaft auf Komitatsboden entziehenden Gemeinszekler zur Rückkehr gezwungen wurden, reagierten diese teilweise mit Auswanderung, etwa in die Moldau. Die Mehrheit der Szekler blieb bis zur Mitte des 19. Jahrhunderts leibeigen, die *Siculitas* verlor also ihre ursprüngliche Bedeutung der vollständigen kollektiven Freiheit. Unter den Szeklern waren Calvinismus, Katholizismus und Antitrinitarismus gleichermaßen anzutreffen, wobei Stühle oder Gemeinden in der Regel dieselbe Konfession hatten. Die Szekler Stühle waren die ethnisch wohl am einheitlichsten besiedelten Regionen Siebenbürgens, zumal rumänische Siedlungen blieben die Ausnahme.

Die Städte der Sachsen galten auch nach dem Niedergang des Fernhandels ab dem 16. Jahrhundert als außerordentlich reich, so daß ein gutes Auskommen mit der „Sächsischen Nation" angesichts ihrer Steuerkraft sowohl den Fürsten wie den anderen beiden Ständen als erstrebenswert galt. Zwar starben die meisten der alten Patrizierfamilien im 16. Jahrhundert aus, die politische Macht des Standes der Sachsen blieb jedoch in den Händen der sich neu herausbildenden führenden Familien der Städte. Hier fand ein Wandel in dem Sinne statt, daß nach der Ablösung der Gräfen und Grundbesitzer nicht mehr fast ausschließlich Kaufleute, sondern allmählich auch Handwerker zu höchsten städtischen Würden aufstiegen und schließlich die Stadtregierungen dominierten. In einigen Städten wie in Hermannstadt lief dieser Prozeß während des 16. und 17. Jahrhunderts nicht ohne innere soziale Spannungen ab. Grund- und Haus- oder Hofbesitz auf Königsboden schloß zwar politische Rechte – Freizügigkeit, freie Richter- und Pfarrerwahl etc. – mit ein, von einer Demokratie nach modernem Verständnis (wie häufig falsch gedeutet) war der Stand der Sachsen jedoch weit entfernt. Eine Aufnahme in die tonangebende Oberschicht war in der Regel nur allmählich, nach mehreren Generationen möglich, wenngleich sie nicht ausgeschlossen war, wie die Fälle der Söhne Zugewanderter oder sächsischer Bauern zeigen. Volle politische Rechte konnten jedoch bereits seit dem ausgehenden Mittelalter nur ethnische Deutsche erwerben. Es ist dies ein Phänomen, das leicht zu Fehlschlüssen leiten kann: Es ging den Stadt- und Stuhlverwaltungen der Sachsen dabei nicht um eine ethnische „Reinhaltung", vielmehr war diese Bestimmung eine ökonomisch-rechtliche Sicherungsmaßnahme. Einerseits sollte verhindert werden, daß sich – wie vielfach versucht – Inhaber adliger Vorrechte auf Königsboden niederließen, da diese durch ihre Steuer- und Zollfreiheit sowohl die wirtschaftliche wie auch die politische Macht der Sachsen untergraben oder Teile des Territoriums herauszulösen versucht hätten; zum anderen sollte das Handwerk, in gewissem Maße aber auch der Handel vor unliebsamer Konkurrenz geschützt und diese der Kontrolle der erstarkenden Zünfte unterworfen werden. Es steht jedoch außer Frage, daß diese über Jahrhunderte mit Konsequenz angewandte Bestimmung wesentlich zur verhältnismäßig frühzeitigen Herausbildung eines ethnischen Bewußtseins bei den Deutschen Siebenbürgens beigetragen hat.

Während des 17. Jahrhunderts siedelten sich weitere Bevölkerungsgruppen in Siebenbürgen an. So erhielten Juden in Weißenburg als der Fürstenresidenz Wohnrecht; ein Freibrief von 1627 gestattete ihnen darüber hinaus die freie Religionsausübung und freien Handel. Andere Orte waren mit der Aufenthaltserlaubnis für Juden eher zögerlich, so daß es erst im 18. und 19. Jahrhundert zur Gründung weiterer Gemeinden kam. Sofern sie in den Städten aufgenommen wurden, durften sie jedoch nur Berufen nachgehen, die noch nicht vertreten waren. In geringer Zahl wurden jüdische Pächter und Bauern auf den Gütern des Adels angesiedelt. Siebenbürgen entwickelte sich bis zum

Die armenisch-katholische Kirche in Armenierstadt im Innerszolnoker Komitat im Nordwesten Siebenbürgens.

19. Jahrhundert zu einem Zufluchtsort für vertriebene Juden aus den umliegenden Provinzen, wobei sie erst gegen Ende jenes Jahrhunderts volle Rechtsgleichheit erlangten und bis dahin sozial und rechtlich deutlich zurückgesetzt blieben.

Eine weitere Gruppe, die in der zweiten Hälfte des 17. Jahrhunderts in Siebenbürgen heimisch wurde, waren die schon erwähnten Armenier.

Eine „Ziganie" am Rande eines Dorfes.

Als Kaufleute und Städtegründer vom Fürsten angesiedelt, errangen sie als Handelsunternehmer eine wichtige Position vor allem in den Beziehungen Siebenbürgens zum Osten und Südosten. Die Armenierstädte genossen als Taxalorte auf Komitatsboden meist eine Sonderstellung. Von der Konfession her zunächst armenisch-orthodox, entstand nach dem Anschluß an die Union eine für Siebenbürgen spezifische armenisch-katholische Kirche, die sich im 18. Jahrhundert besonderer Förderungen durch das Herrscherhaus erfreuen sollte.

Die Zigeuner begannen nun immer öfter, sich am Rande der größeren Orte und Städte vor allem auf Königsboden in „Ziganien" anzusiedeln und übernahmen oft bestimmte Aufgaben im gesellschaftlichen und wirtschaftlichen Leben, die als „unehrlich" galten. Gleichzeitig entstanden, etwa durch Pivilegierung durch die Fürsten, neue Gruppen mit je eigenen rechtlichen, kulturellen und sprachlichen Gewohnheiten. Auch von „Bulgaren" ist in diesen Jahrhunderten in Siebenbürgen immer wieder die Rede, wobei es sich oft um die Nachkommen balkanslavischer oder balkanrumänischer Flüchtlinge von südlich der Donau handelte. Aufgrund der Verwandtschaft von Sprache und Konfession erfolgte die allmähliche Assimilierung dieser zunächst noch kompakten Siedlungen für gewöhnlich durch das rumänische Ethnikum.

Für die Zeit des Fürstentums gibt es nur wenige zuverlässige Untersuchungen zur Demographie des Landes. Um das Jahr 1600 ist von etwa einer Million Bewohner des historischen Siebenbürgen auszugehen, was etwa zwanzig Einwohnern pro Quadratkilometer entspricht. Zahlenangaben über ethnische und konfessionelle Zugehörigkeiten bleiben für diese Zeit noch äußerst unbestimmt und müssen stets mit einer gewissen Reserve betrachtet werden. So auch die nachfolgende Tabelle, deren Angaben – so realistisch sie auch sein mögen – auf Schätzungen beruhen:

Bevölkerung Siebenbürgens gegen Ende des 16. Jahrhunderts

	Ungarn (einschl. Szekler)	Sachsen	Rumänen	Sonstige (Raizen, Ukrainer)	Insgesamt etwa
Szeklerland	150 000	?	?	—	160 000
Sachsenland	?	65 000	15 000	—	85 000
Adelskomitate	210 000	20 000	170 000	?	400 000
Partes	140 000	—	90 000	80 000	300 000
Insgesamt etwa	500 000	90 000	280 000	85 000	955 000

Quelle: Kurze Geschichte Siebenbürgens. Budapest 1990, 269.

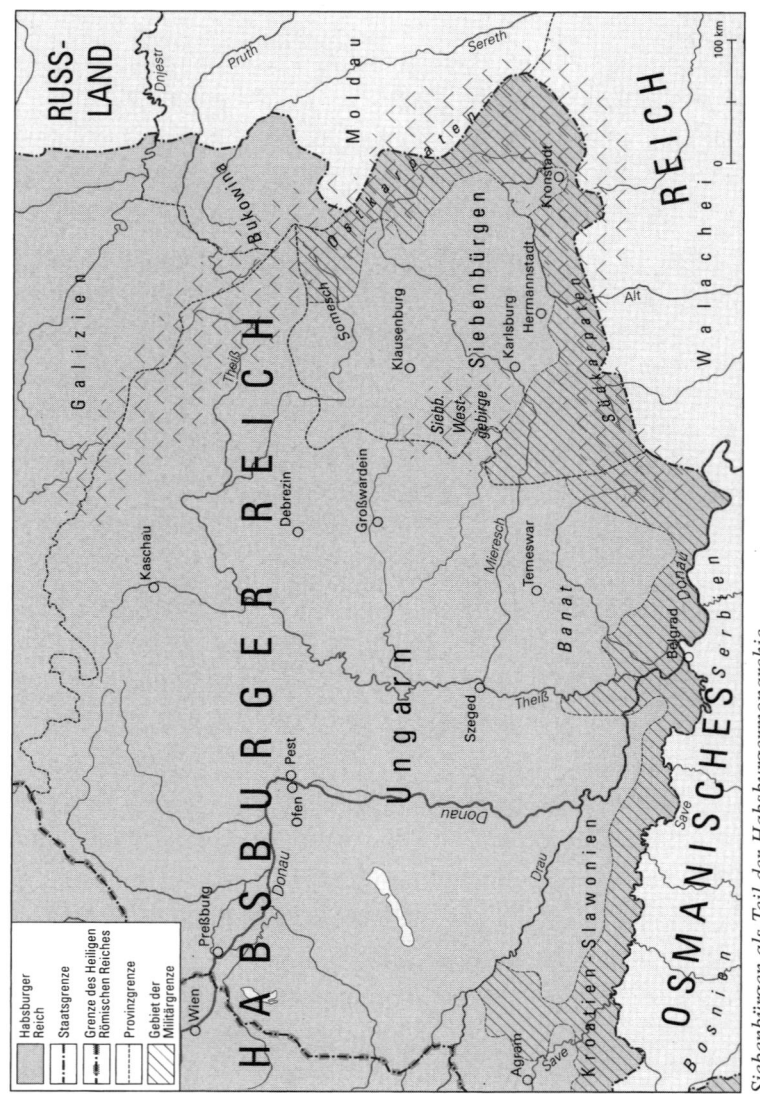

Siebenbürgen als Teil der Habsburgermonarchie

V. SIEBENBÜRGEN ALS PROVINZ DER HABSBURGERMONARCHIE

Eingliederung in ein Großreich

Mit dem *Diploma Leopoldinum* von 1690 versuchte der Wiener Hof, ein Doppeltes zu erreichen: Zum einen das Land mit der Zusicherung der alten Ständeverfassung möglichst ohne weitere Auseinandersetzungen für sich zu gewinnen, zunächst vor allem militärisch; zum anderen, die Grundlagen für eine politisch-administrative Integration in den Gesamtstaat zu legen. Die aus dem Mittelalter überkommenen und in anderen Ländern der Monarchie spätestens seit dem 17. Jahrhundert in dieser Form weitgehend überwundenen ständischen Strukturen standen in Ungarn und Siebenbürgen einer modernen absolutistisch-zentralistischen staatlichen Organisation jedoch entgegen. Eine zuverlässige Stütze des Herrscherhauses war die katholische Kirche, die im Rahmen ihrer Rechte als rezipierte Konfession wie auch als Bekenntnis des Landesherrn gefördert und ausgebaut wurde.

Die Siebenbürgische Hofkanzlei als Mittlerinstitution zwischen dem Wiener Hof und dem Gubernium als oberster Landesbehörde in Siebenbürgen gewann einen bestimmenden Einfluß auf die Regierung und die Verwaltung des Landes. Darüber hinaus machte der Monarch von einer ganzen Reihe von Rechten Gebrauch, die ihm im Leopoldinum zugestanden wurden: Das Bestätigungsrecht von Gesetzen nutzte er zu deren Abänderung oder Verhinderung, das Vorschlagsrecht der Stände für Landesämter (zu jeder Stelle waren aus den Reihen der drei Nationen und der vier anerkannten Konfessionen je drei Kandidaten vorzuschlagen) wurde oft umgangen, indem der Herrscher sein Recht zur Erteilung des Indigenats, also hier der Ständezugehörigkeit, zur Unterbringung ihm genehmer Beamter nutzte. Selbst im Falle des höchsten Amtsträgers, des Gouverneurs, der gemäß Leopoldinum ebenfalls vom Landtag vorzuschlagen war, umging der Kaiser nach dem Sieg über die Kuruzzen diese Bestimmung und setzte eigene, meist landesfremde und katholische Kandidaten ein. Die freie Fürstenwahl wurde mit der Anerkennung der Pragmatischen Sanktion 1723, die die Unteilbarkeit der habsburgischen Länder und die weibliche Erbfolge sichern sollte, durch die Stände Siebenbürgens auch formell aufgegeben. Die Notwendigkeit von Reformen in der Gesamtmonarchie schon zu Beginn des Jahrhunderts, besonders ab der Zeit der Regierung Maria Theresias, brachte neue Besteuerungsmethoden hervor; nachdem die Stände 1761 einer jährlichen Steuer zustimmten, gaben sie ihre Steuerbewilligungskompetenz preis, so daß während rund drei Jahrzehnten die Einberufung des Landtags, die nur durch den Landesherrn erfolgen konnte, unterblieb.

Die Zielsetzung der Wiener Zentralbehörden, Siebenbürgen voll in das absolutistische Regierungssystem einzubeziehen, wurde auf diese Weise trotz der offiziellen Beibehaltung der ständischen Strukturen bis zum Beginn der 1760er Jahre weitgehend verwirklicht, und zwar gründlicher als in Ungarn selbst, wo der Adel seine Positionen hartnäckiger behauptete. 1751 konnte die Siebenbürgische Hofkanzlei die zentrale Leitung der Landesverwaltung von Wien aus übernehmen. Wesentliche Stützen in diesem System des konfessionellen Absolutismus waren die vom Monarchen in Schlüsselpositionen eingesetzten katholischen Adligen sowie der an Einfluß zunehmende katholische Klerus. Dessen Missionstätigkeit gewann nach 1711 deutlich an Umfang. Gemeinsam mit den griechisch-katholischen Rumänen sollten die Katholiken im Konzept des Wiener Hofes ein Gegengewicht zum dominanten Protestantismus im Lande einnehmen. Eine weitere wichtige Stütze war das in Siebenbürgen stationierte kaiserliche Militär und der direkt vom Wiener Hof eingesetzte Kommandierende General, dem situationsbedingt auch weitreichende Kompetenzen im politischen Bereich zufielen. Die einquartierten Besatzungstruppen, die unterzubringen und zu verpflegen waren, bedeuteten für die Landesbewohner eine außergewöhnliche Belastung, und zwar in einer Art, wie dies während der Türkenherrschaft kaum bekannt war. So verzehnfachte sich die vom Land aufzubringende Steuer. In der Folge kam es zu Abwanderungen in die Nachbarprovinzen, etwa in die neuzubesiedelnde Pannonische Tiefebene.

Im Konzept der Wiener Wirtschaftspolitik für die Gesamtmonarchie nahmen Siebenbürgen und Ungarn die Rolle von Rohstofflieferanten für die Erbländer ein, aus denen wieder Fertigprodukte zu beziehen waren. Diesen Vorgaben entsprechend wurden Zollschranken aufgebaut, die Handel und Gewerbe Siebenbürgens nachhaltig trafen, da sie gegen den traditionellen Austausch mit den Nachbarländern im Süden und Osten ausgerichtet waren. Besonders stark waren von diesen Maßnahmen die Städte betroffen, wobei ein Gewerbe, Handel und städtischen Hausbesitz besonders belastendes neues Steuersystem verschlimmernd hinzukam. Die Erhebung Siebenbürgens zum Großfürstentum durch Maria Theresia 1765 fügt sich ebenfalls in die Zentralisierungspolitik Wiens ein, da dadurch einerseits die Abkoppelung von Ungarn zum Ausdruck gebracht, gleichzeitig aber auch von der vollzogenen Unterstellung Siebenbürgens unter die Wiener Behörden abgelenkt werden sollte.

Die siebenbürgischen Stände nahmen diese Entwicklung mit zunehmender Verbitterung wahr. Verständnis für die Modernisierung des Staatswesens und Kooperation bei Reformen war daher bei ihnen nicht zu erwarten. Vielmehr hielten sie mit zunehmendem Eifer an ihren „verbrieften Rechten" fest und boykottierten die Wiener Direktiven bei allen sich bietenden Möglichkeiten. Selbst die ansonsten habsburgtreuen Sachsen gewannen zunehmend Distanz zur Monarchie.

Diese abweisende Haltung, bestärkt durch schwindende wirtschaftliche Grundlagen und die Begleiterscheinungen provinzieller Abseitslage, hatte den Zweck, besitzstandserhaltend zu wirken. Die langfristig positiven Aspekte der verwaltungsmäßigen und wirtschaftlichen Integration in die Habsburgermonarchie, die Stabilität der staatlichen Ordnung, die Zuverlässigkeit einer geregelten Administration und der Finanzen, die allmähliche Herausbildung eines rechtsstaatlichen Bewußtseins und eines großen einheitlichen Wirtschaftsraumes, die Etablierung mitteleuropäischer Maßstäbe waren für die Zeitgenossen noch nicht sichtbar und für die Angehörigen der Stände angesichts ihrer unmittelbaren existentiellen Bedrohung durch Reformen auch nicht nachvollziehbar.

Die österreichische Reformpolitik

Die Auseinandersetzungen des Hauses Österreich mit dem Osmanischen Reich waren mit dem Frieden von Karlowitz 1699 nicht beendet. Die habsburgischen Eroberungen im Südosten wurden nach einer längeren Unterbrechung fortgesetzt bis die Pforte im Frieden von Passarowitz 1718 der Abtretung des Temescher Banats, der Kleinen Walachei sowie Belgrads zustimmen mußte. Mit Ausnahme des Banats, das die Wiener Behörden bald planmäßig besiedeln ließen, gingen diese Besitzungen 1739 wieder verloren. Siebenbürgen war durch diese Veränderungen insoweit betroffen, als sich der Charakter der unmittelbaren Nachbarschaft durch deren Einbeziehung ins Habsburgerreich wandelte. Die Grenzregionen blieben während der ersten Jahrzehnte des Jahrhunderts zwar noch unruhig, die aus dem 17. Jahrhundert her bekannten türkisch-tatarischen oder walachisch-moldauischen Raubzüge blieben jedoch aus. Der Sicherung der Grenzen der Monarchie diente das während der Jahre 1762-1770 eingerichtete Militärgrenzsystem. Dabei wurde ein Grenzstreifen in einer Breite von zwanzig bis hundert Kilometern in einen militarisierten „Konfin" umgestaltet, der sich in Siebenbürgen an der Grenze zum Banat beginnend an den Süd- und Ostkarpaten bis hin zur Marmarosch im Norden auf einer Länge von 600 Kilometern entlangzog. Im Süden und Norden wurden „Walachen-Regimenter", im Osten „Szekler-Regimenter" mit streng geregelten militärischen Pflichten ihrer Bewohner eingerichtet. Die „Siebenbürgische Militärgrenze", die nach Westen im Banat und in Kroatien-Slawonien fortgesetzt wurde, mußte gegen den Widerstand der Stände und der Regionen eingerichtet werden. Neben dem Grenzschutz diente sie der Festigung habsburgischer Herrschaft durch die Einschränkung ständischer Kompetenzen sowie der weiteren Etablierung der unierten Kirche bei den Rumänen. Bei diesen hatte die Einrichtung der Militärgrenze gänzlich andere Auswirkungen als bei den Szeklern.

Zunächst setzte die Mitgliedschaft in den Grenzregimentern bei den Rumänen den Beitritt zur unierten Kirche voraus, wodurch die Einbindung in die katholische Kirche vollzogen wurde. Die „Grenzer" wurden bewaffnet, erreichten zugleich eine rechtliche Besserstellung gegenüber vormaliger Leibeigenschaft (so unterstanden sie künftig der Militärjurisdiktion) und konnten vererbbaren Grund erwerben. Sodann wurden an den Kompaniestandorten Volksschulen sowie einige Mittelschulen eingerichtet, was für die kulturelle Entwicklung der Siebenbürger Rumänen von herausragender Bedeutung war; ein wesentlicher Teil des sich herausbildenden rumänischen Bildungsbürgertums des 19. Jahrhunderts stammte aus den Regionen der Siebenbürgischen Militärgrenze. Inwieweit es bei den Angehörigen der „Walachen-Regimenter" zu einer besonderen Verbundenheit mit dem habsburgischen Herrscherhaus kam, bliebe noch zu ergründen. Für das Entstehen eines rumänischen Nationalbewußtseins in Siebenbürgen bildete die Militärgrenze zusammen mit der griechisch-katholischen Kirche zwei wichtige Grundvoraussetzungen.

Im Gegensatz zu den Rumänen bedeutete die Einrichtung von Grenzregimentern in den Stühlen der Szekler in der Regel einen Verlust von Rechtspositionen und keinen Fortschritt im ökonomischen und kulturellen Bereich. Die Einrichtung der Regimenter durch die habsburgischen Militärbehörden stieß auf erbitterten Widerstand und führte zu Unruhen selbst innerhalb der sozial stark differenzierten Szekler. Um ein Exempel zu statuieren, wurde der Versammlungsort der Grenzdienstverweigerer, Madéfalva, Anfang Januar 1764 erstürmt. Das Blutbad, das hier angerichtet wurde, brach den offenen Widerstand der Szekler, hatte aber massive Auswanderung zur Folge. Ihre Grenzregimenter galten jedoch im Rahmen des Militärapparates als wenig zuverlässig, so daß sie im 19. Jahrhundert schließlich einen Grund zur Auflösung der Militärgrenze bilden sollten.

Die Einrichtung der Militärgrenze war ein weiterer Baustein im Bemühen um eine stärkere Integration Siebenbürgens in die Gesamtmonarchie. Die komplizierte Landesverfassung mit den Ständen und ihren teilweise noch aufs hohe Mittelalter zurückgehenden Rechtstiteln mußte den Wiener Zentralbehörden nicht nur von der Entfernung und der geographischen Lage her als wahrhaft hinterwäldlerisch erscheinen. Reformen im rechtlichen, politisch-administrativen, gesellschaftlichen und wirtschaftlichen Bereich schienen daher aus westlicher, aufgeklärter Perspektive unabdingbar zu sein. Ein gutes Gegenbeispiel bot das benachbarte Banat, wo nach der Eroberung von den Osmanen ein vollständiger politischer und wirtschaftlicher Neuaufbau nach Wiener Vorstellungen erfolgen konnte.

Die weitreichendsten Reformen nahm Joseph II. nach Antritt seiner Alleinregierung 1780 vor. Er baute dabei auf den mit Bedacht begonnenen Reformbestrebungen seiner Mutter, Maria Theresia, auf. Im Bemühen um eine Verbesserung der Lage der Leibeigenen, deren Schollenbindung und Verpflichtung zu umfassenden Frondiensten als eine wesentliche Ursache für die wirtschaftliche Rückständigkeit des

Landes angesehen wurden, hatte diese 1769 die *Certa Puncta* erlassen: Rechte und Pflichten von Grundherren und Untertanen sollten dadurch geregelt, übermäßige Ausbeutung unterbunden werden. Eine Besserstellung der Bauern wurde jedenfalls nicht erreicht, eher noch eine Festigung der bestehenden Zustände und starken Abhängigkeiten.

Auch Bemühungen, die Zigeuner als „Neubauern" seßhaft zu machen, schlugen fehl, da sie sich weigerten, ihr überkommenes Lebensmodell aufzugeben.

Joseph II., der das Land als einer der wenigen Habsburger Herrscher aus eigener Anschauung von mehreren Reisen her kannte, trachtete im Sinne des aufgeklärten Absolutismus nach einer Umorganisation des gesamten Staatswesens, ohne Rücksicht auf historische Strukturen und regionale Besonderheiten. Eine seiner ersten Maßnahmen für Siebenbürgen war die Aufhebung des Ausschließlichkeitsanspruchs der Deutschen auf Besitz- und Bürgerrecht auf Königsboden durch das sogenannte Konzivilitätsreskript von 1781. Für die Sachsen schien damit einer der Grundpfeiler ihrer Existenz erschüttert, da durch das Ansiedlungsrecht anderer Standesangehöriger ihre politische und wirtschaftliche Macht in absehbarer Zeit hätte abgebaut werden können. In der Praxis boten Verzögerungstaktik, lokale Bestimmungen und Auslegungsvarianten des Gesetzes vielfältige Umgehungsmöglichkeiten. Noch im gleichen Jahr erließ Joseph II. das Toleranzpatent, das für Siebenbürgen im wesentlichen einen Abbau der Sonderstellung der katholischen und der unierten Kirche bedeutete. Es kam zu zahlreichen Austritten vormaliger Konvertiten aus diesen beiden Kirchen. Da der gegenreformatorische Druck nachließ, nahmen die protestantischen Kirchen Siebenbürgens das Toleranzpatent im allgemeinen positiv auf. Die Orthodoxen erhielten noch immer nicht den gleichen Status wie die vier anerkannten Konfessionen, doch wurde das orthodoxe Bistum (in Karlsburg, vormals Weißenburg) 1784 wiedererrichtet. Des weiteren wurden die für die Juden geltenden Bestimmungen zur Zeit der Regierung Josephs II. neu geregelt, was ihnen zwar mehr Rechte, nicht aber Freizügigkeit und Gleichstellung mit den Christen brachte. 1784 ordnete Joseph II. die Durchführung einer Verwaltungsreform an, die der Aufhebung der Landesverfassung gleichkam. Er wollte dadurch eine völlige Eingliederung Siebenbürgens in den modernen Staat und den auf mittelalterlichen Privilegien gründenden Widerstand brechen. Das Großfürstentum wurde in elf Komitate eingeteilt, wobei historische Grenzen oder Rechtsgebiete außer Acht blieben. Im gleichen Zuge wurde die „Sächsische Nation" aufgelöst und ihre Angehörigen den anderen Landesbewohnern gleichgestellt. Diese Reform führte zusammen mit dem Konzivilitätsreskript zu einer „Finis Saxoniae"-Stimmung unter den Sachsen, die über rund zwei Jahrhunderte ein stets aktuelles politisches Schlagwort bleiben sollte. Ein Spracherlaß des gleichen Jahres sah die Einführung des Deutschen als allgemeiner Verwaltungssprache vor und sollte das Lateinische, das diese Funktion in Ungarn und Siebenbürgen nach wie vor innehatte, ablösen.

Die Reformen des Jahres 1784 legten die Verwaltung in Siebenbürgen praktisch lahm. Zwar wurde die Aufhebung der alten Verwaltungseinheiten widerwillig durchgeführt, der Aufbau der neuen jedoch bewußt verzögert. Sowohl die Sachsen, die sich all ihrer Sonderrechte beraubt sahen, als auch die ungarischsprachigen Stände des Adels und der Szekler, die durch die Sprachverordnungen brüskiert waren und mittelfristig von allen Bereichen der Verwaltung ausgeschlossen zu werden drohten, blockten in seltener Einmütigkeit alle weiteren Wiener Direktiven ab. Als 1786 die elf Komitate drei neugeschaffenen Distrikten zugeordnet, schließlich auch die Jurisdiktion umgebaut, von der Verwaltung getrennt und statt der nach ständischen Territorien und Zuständigkeiten gegliederten Gerichte ein einheitliches Gerichtswesen für alle Landesbewohner geschaffen werden sollten und nachdem 1787 ein neues Strafgesetzbuch eingeführt wurde, standen die gesamte Verwaltung und Jurisdiktion in Siebenbürgen praktisch still. Die eine

„siebenbürgische Nation", die Joseph II. schaffen wollte, mag wohl auf dem Papier der Reformen erkennbar gewesen sein, war jedoch schon zu diesem Zeitpunkt eine Utopie.

Die Reformen Josephs II. betrafen die gesamte Monarchie, waren im Falle Ungarns und Siebenbürgens angesichts deren Rückständigkeit jedoch besonders weitreichend. 1789 geriet der Monarch durch die Teilnahme am Krieg zwischen Rußland und dem Osmanischen Reich, die Unruhen in den Niederlanden, eine sich steigernde Unzufriedenheit in Ungarn und Siebenbürgen, geschürt durch Nachrichten von der Französischen Revolution, in eine außerordentlich bedrängte Lage. Im Januar 1790, kurz vor seinem Tod, sah er sich veranlaßt, resigniert die meisten seiner Reformen in einem „Restitutionsedikt" wieder zurückzunehmen. Lediglich das Toleranzpatent und die Aufhebung der Leibeigenschaft in den Erbländern blieben hiervon ausgenommen und weiter in Kraft. Adel und Sachsen brachen angesichts der Wiederherstellung ihrer alten Privilegien und der Landesverfassung in Begeisterung aus, ganz anders die Rumänen.

Emanzipation der Rumänen

Die geschichtliche Entwicklung der Rumänen im 18. Jahrhundert lief auf einer sozialen und einer nationalen, politischen Ebene ab. Die breite Masse, die nahezu ausnahmslos leibeigen oder grundhörig war, trachtete nach Erleichterung ihres harten Schicksals, nach ökonomischer und damit sozialer Verbesserung. Die Konversion zur unierten Kirche oder der Eintritt in die Grenzregimenter wurden in dieser Absicht genutzt. Regional flammten wiederholt Unruhen auf, veranlaßt durch die weiter ansteigenden Abgabenlasten und Übergriffe der adligen Grundherren. Auf Königsboden kam es zu Vertreibungsversuchen von rumänischen Bauern durch Sachsen, die verödete und später rumänisch besiedelte Hofstellen wieder für sich beanspruchten. Die Wiener Behörden und das

Herrscherhaus wurden sich der beklagenswerten Lage der Rumänen, die inzwischen die Bevölkerungsmehrheit Siebenbürgens ausmachten, bewußt und bemühten sich um eine Erleichterung ihres Loses. Doch selbst die *Certa Puncta* Maria Theresias von 1769 vermochten keine Abhilfe zu schaffen und auch die wiederholt an den Wiener Hof gereisten Delegationen rumänischer Bauern, die sich nur von hier Hilfe gegen die an ihren Privilegien festhaltenden Stände erhoffen konnten, blieben erfolglos.

Nach Bekanntwerden der Verwaltungsreform 1784 glaubten Teile der rumänischen Bauernschaft, die Wende sei gekommen; verstärkt durch Gerüchte, Soldaten würden aus der Leibeigenschaft entlassen und erhielten Grund, kam es zu massenhaften Meldungen zum Militärdienst und zu Arbeitsverweigerungen. Diese Bewegung, die auf ratlose Behörden stieß, schlug rasch in offenen Aufruhr um, der unter der Führerschaft von Horea ganz Westsiebenbürgen erfaßte. Joseph II., den die Bauern um Unterstützung ihrer sozialen Anliegen baten, ließ den Aufstand schließlich blutig niederschlagen und die Rädelsführer hinrichten. Sein 1785 für Siebenbürgen erlassenes Patent zur Aufhebung der Leibeigenschaft brachte zwar persönliche Freiheit, nicht aber die erhofften ökonomischen Verbesserungen. Im

Eine Kirche unierter Rumänen im Nordwesten Siebenbürgens.

Gegensatz zu früheren Unruhen trug der „Horea-Aufstand" bereits eine deutlich erkennbare nationale Note, da es im wesentlichen um die Auseinandersetzung zwischen rumänischen Leibeigenen und nicht-rumänischen Grundherren ging. Die fortgesetzten Reformen Josephs II., etwa das gerade erwähnte Patent, bestätigten die Rumänen in der Annahme, daß sie der Kaiser in ihrem Streben nach mehr Freiheit unterstütze.

Soziale und politische Emanzipation der Siebenbürger Rumänen hingen eng miteinander zusammen. Schon eine Generation nach der Etablierung der unierten Kirche kam es erstmals zur Formulierung nationaler politischer Ideen, die sich im Laufe des Jahrhunderts zu einem Programm entwickeln sollten, das bis heute eine politische Argumentationsbasis geblieben ist. Dabei spielten historische Argumente von Beginn an eine entscheidende Rolle. Die Idee der romanischen Herkunft der Rumänen und ihrer kontinuierlichen Siedlung im Donau-Karpatenraum seit der Zeit des römischen Dakien wurde vom moldauischen Fürsten Dimitrie Cantemir zu Beginn des 18. Jahrhunderts als einem der ersten öffentlich formuliert und fand bei den mit Rom und der lateinischen Welt eng verbundenen griechisch-katholischen Gebildeten gute Voraussetzungen zur Aufnahme und Fortführung. In seinem Einsatz für die Abschaffung der Leibeigenschaft und die Anerkennung der Rumänen als „Nation" im Sinne eines Standes griff der unierte Bischof Inochenție Micu-Klein diese historischen Argumente auf und ergänzte die demographischen Aspekte.

Auf diese Forderungen konnten die etablierten Stände schon alleine deswegen nicht anders als abweisend reagieren, da jede Einwilligung in eine Modifizierung der Landesverfassung diese auch gegenüber den Reformbestrebungen des Wiener Hofes noch brüchiger hätte werden lassen. Die ablehnende Haltung Wiens gegenüber der Institutionalisierung eines weiteren Standes war angesichts der schlechten Erfahrungen mit den an ihren jeweiligen Sonderrechten festhaltenden Interessengruppen ebenfalls nachzuvollziehen. Beachtenswert ist im übrigen der Umstand, daß in Siebenbürgen zu einem Zeitpunkt Bestrebungen zur Etablierung eines weiteren Standes Boden gewannen, als das Ständesystem in Europa weitgehend der Vergangenheit angehörte; es deutet dies auf die starke Verwurzelung des politischen und gesellschaftlichen Lebens dieser Provinz in mittelalterlichen Stukturen hin.

Der Aufstellung einer politischen Programmatik folgte die wissenschaftliche Erforschung der sie begründenden Argumente. Forschungen zur Sprachgeschichte des Rumänischen, zur Geschichte der Rumänen und im besonderen zu ihrer Siedlungskontinuität in Siebenbürgen standen dabei im Dienste eines deutlich formulierten nationalen Strebens nach Zuerkennung politischer Rechte als Volk, wobei die Verbesserung des sozialen Standes impliziert war. Zugleich mit der Erforschung der Sprache bildete sich unter den Eliten sehr allmählich ein Bewußtsein gemeinsamer ethnischer Zugehörigkeit der Rumänen beiderseits der Karpaten heraus. Der gemeinsame Volksname „Rumänen" wurde allerdings erst im 19. Jahrhundert geläufig.

Im Umfeld der unierten Kirche entstand gegen Ende des 18. Jahrhunderts eine intellektuelle Bewegung, die in der Geschichte der Historiographie unter dem Namen „Siebenbürgische Schule" bekannt wurde. Westlich gebildete und von der Aufklärung geprägte Gelehrte legten vor allem historische und linguistische Studien vor, die die Ansprüche der Rumänen untermauern sollten. Gleichzeitig wirkten diese Arbeiten bewußtseinsprägend und bestimmten die inhaltliche Konzeption der rumänischen Nationalbewegung im 19. Jahrhundert, dabei erfolgreich auf die beiden Donaufürstentümer ausstrahlend. Trotz weitverbreiteter Unzufriedenheit in der rumänischen Bauernschaft ist von einer nationalen Erweckung der breiten Massen zu diesem Zeitpunkt noch nicht auszugehen. Die Diskussionen fanden in den Umkreisen der beiden rumänischen Kirchen statt, wobei es auch hier oft zu Reibungen kam und selbst prominente Vertreter der „Siebenbürgischen Schule" wiederholt weichen mußten. Ein rumänisches Bürgertum, das die Bewegung aufnehmen sollte, begann sich erst im 19. Jahrhundert herauszubilden. Die materiell potenten rumänischen Handelsleute, die es in einigen Städten gab, standen diesen nationalen Bestrebungen nicht nahe.

Nach dem Scheitern der josephinischen Reformen und der Wiederherstellung der alten Landesverfassung, womit zugleich die Hoffnungen der rumänischen Eliten auf eine Anerkennung ihrer Ansprüche zunichte gemacht wurden, reichten die Bischöfe der beiden „rumänischen" Kirchen 1791 eine im Kreis der „Siebenbürgischen Schule" entstandene Klageschrift, bekannt unter dem Namen *Supplex Libellus Valachorum*, beim kaiserlichen Hof ein. Auf dem Naturrecht, dem Argument der Bevölkerungsmehrheit und dem „historischen Recht", der These der Siedlungskontinuität gründend, wurde für die Rumänen Siebenbürgens die Wiedergewährung alter Rechte gefordert. In der Atmosphäre der Restitution von Reformen wären Bestrebungen, die auf einen Abbau der sozialen Besitzstände der beiden ungarischen

Die Festung Fogarasch im gleichnamigen Distrikt im Süden Siebenbürgens.

Stände und der Sachsen zielten, aussichtslos gewesen, so daß die Bitte um Anerkennung als gleichwertige „Nation" und die proportionelle Verteilung von Pflichten und Rechten durch kaiserliche Gnade und Gerechtigkeit den Kern der Denkschrift bildeten. Der Kaiser, Leopold II., der während der Französischen Revolution alle grundlegenden Neuerungen mied, leitete die Denkschrift an den seit rund dreißig Jahren erstmals wieder zu politischen Geschäften zusammengetretenen Landtag Siebenbürgens weiter. Dieser bot mit der Begründung, daß die Landesverfassung aus den Fugen gerate, ausweichende Lösungsvorschläge – so wurde abermals der Beitritt zu einer der anerkannten Konfessionen oder zur unierten Kirche empfohlen – und lehnte die Klageschrift damit praktisch ab.

Als wichtige Momente gilt hier festzuhalten, daß die Rumänen Siebenbürgens im Verlaufe des 18. Jahrhunderts eine – wenn auch zahlenmäßig kleine – aufgeklärte Intelligenzschicht auszubilden vermochten, die ihre nationalen Anliegen formulieren und begründen konnten. Darüber hinaus fanden die beiden Konfessionen der Rumänen, die orthodoxe und die griechisch-katholische, über ihre oft tiefen Gegensätze hinweg zur Kooperation im Einsatz um politische und soziale Anliegen der Angehörigen beider Kirchen, die zusammen nahezu das gesamte rumänische Ethnikum Siebenbürgens ausmachten.

Die gescheiterten Reformversuche gegen Ende des 18. Jahrhunderts, gefolgt von der langen Regierungszeit des restaurativen Kaisers Franz II./I., haben in Siebenbürgen zu einer Verstärkung des ethnischen Bewußtseins bei den verschiedenen Völkerschaften und zu einer Verhärtung ihrer Positionen geführt. Hatte sich auch für den Adel und die Szekler der Begriff der beiden „ungarischen Stände" herausgebildet, so war beim ethnisch zwar heterogenen, aber doch überwiegend ungarischen Adel das Bewußtsein als *natio Hungarica*, als Stand, nicht als Ethnie, bis in die zweite Hälfte des 18. Jahrhunderts noch dominant. Die Szekler bewahrten sich bei allem Wandel ihres Sozialgefüges ein auf ihrer ständischen Tradition fußendes deutliches Sonderbewußtsein im Rahmen der ungarischen Kultur. Die vehementen Reaktionen auf den Spracherlaß Josephs II. von 1785 machten deutlich, daß hier ein Wandel erfolgte, der nun im Bekenntnis zu ungarischer Sprache und Kultur[1] seinen Ausdruck fand. Verstärkt wurde diese Tendenz durch die Ansprüche der sich zunehmend mit gelehrten Schriften zu Wort meldenden Rumänen und durch deren Instrumentalisierung der Demographie in der politischen Argumentation. Der Verlust der eigenen Bevölkerungsmehrheit auf dem Gebiet des historischen Ungarn im Gefolge der Türkenkriege wurde von den sich immer häufiger als Kulturnation verstehenden Ungarn mit Ernüchterung wahrgenommen. Vor diesem Hintergrund gewann die Idee einer Union Ungarns und Siebenbürgens, wie sie zu Beginn der Habsburger Herrschaft bereits gefordert worden war, erneut an Boden und wurde während der ersten Hälfte des 19. Jahrhunderts zu einem Kernpunkt politischer Programmatik. Das an Zahl und wirtschaftlicher Kraft wachsende ungarischsprachige Bürgertum der Städte, das eine große integrative Kraft besaß, trug ebenso zur Zunahme nationaler Ideen bei wie die restaurative, die Interessen Ungarns und Siebenbürgens wenig beachtende Wiener Zentralbürokratie diese zur Reaktion hatte. Im Gegensatz zu anderen Teilen Ostmitteleuropas verhinderte der ungarische Adel mit seinem Festhalten an alten Rechtstiteln Modernisierungsbestrebungen. Erst seine allmähliche Verbürgerlichung im 19. Jahrhundert führte zu einer Wende.

Das Zusammengehen zwischen den ungarischen Ständen und den Sachsen in Abwehr der josephinischen Reformen währte nur für die

---

[1] Der Begriffsunterschied zwischen „magyarisch" für alles, was mit der Ethnie und der Sprache zusammenhängt, und „ungarisch" für alles, was mit dem ungarischen Staatswesen zusammenhängt, wird heutigem deutschen Sprachgebrauch entsprechend hier nicht gemacht. Er findet sich jedoch in der Literatur, zumal ostmitteleuropäischer Autoren, teilweise bis heute. Der Begriff der „Magyarisierung" bezieht sich auf die sprachlich-kulturelle Assimilation ins ungarische Ethnikum.

Dauer der Bedrohung der eigenen Positionen. Die Sachsen fühlten sich in der kompromißlosen Abwehrhaltung gegenüber den Angriffen auf ihre kollektive Sonderstellung bestätigt, hob doch eine der ersten Reformen Josephs II. ihren Ausschließlichkeitsanspruch für das Besitz- und Bürgerrecht auf Königsboden auf. Diese Selbstisolierung, die das regionale und ethnische Eigenbewußtsein prägte, erfuhr auf der Suche nach Verbündeten und nach Stärkung der kulturellen Stellung eine wesentliche Ergänzung durch die Übernahme von Ideen der deutschen Nationalbewegung. Die seit dem Mittelalter bestehenden Beziehungen zum binnendeutschen Raum boten die Voraussetzung für die rasche Orientierung am deutschen Geschehen: Studenten und Jungakademiker, die (im Verhältnis zur Größe der Gruppe) in großer Zahl deutsche Universitäten besuchten, trugen die nationalen Gedanken als Pfarrer und Lehrer ins breite Volk. Die Tendenz wurde verstärkt durch die zugezogenen und deutsch-österreichisch geprägten Beamten und Offiziere sowie die deutschsprachigen Zuzügler aus der gesamten Monarchie, die vor allem in den Städten neue Maßstäbe zu setzen begannen, Kultur und Sprache beeinflußten. Als geschlossene Gruppe sind protestantische Österreicher, die sogenannten „Landler" zu nennen, die Wiener Behörden zwangsweise in Siebenbürgen ansiedelten. Später kamen weitere Siedlergruppen aus dem süddeutschen Raum hinzu.

Das Bekenntnis der Sachsen zum deutschen Mutterland wurde in Schreiben an die Nationalversammlung 1848/49 in der Frankfurter Paulskirche erstmals deutlich formuliert. Bis zur zweiten Hälfte des 19. Jahrhunderts blieben die Sachsen, bei denen nach wie vor die Oberschicht der Städte das Wort führte, den Ungarn und Rumänen gegenüber in gleicher Weise in Abwehrhaltung, doch kündigten sich um die Mitte des Jahrhunderts zaghafte Versuche eines Einlenkens gegenüber den Ansprüchen der Rumänen an, die inzwischen auch in den deutschen Siedlungsgebieten die Bevölkerungsmehrheit erlangt hatten.

Zusätzliches Konfliktpotential gegenüber den Ungarn ergab sich auch im Landtag, wo seit 1791 nach Köpfen, nicht mehr nach Kurien oder Ständen abgestimmt wurde und wo die Sachsen lediglich ein Zehntel der Mitglieder ausmachten.

Vertane Chancen

Die napoleonischen Kriege, die weite Teile der Habsburger Monarchie erfaßten, berührten Siebenbürgen nur insoweit, als Truppen aus dem Lande an den Befreiungsfeldzügen teilnahmen. Der herrschende Habsburger hatte die römisch-deutsche Kaiserkrone niedergelegt und den Titel eines Kaisers von Österreich angenommen. Der Interessenschwerpunkt Wiens, das in der Folge des die alte Ordnung wiederherstellenden Wiener Kongresses seine verbliebenen westlichen Besitzungen aufgab, verlagerte sich endgültig nach Osten. Die restaurative Politik des Metternich-Systems festigte auch das siebenbürgische Verfassungsgefüge von Neuem. Dennoch begannen Gubernium und Landtag (der allerdings nach 1811 erneut für rund zwei Jahrzehnte nicht mehr einberufen wurde) in Ausschüssen und Kommissionen eine gewisse politische Tätigkeit zu entfalten, die auf die Durchführung von Reformen im Rahmen des alten Systems hinzielten. Diese waren vor allem im wirtschaftlichen und sozialen Bereich dringender denn je, nicht zuletzt, weil die Steuerkraft der Bevölkerung zurückging. Wiederholt vorgelegte Entwürfe für Maßnahmen zur Belebung der Wirtschaft und zur Steigerung der Erträge während der zweiten Hälfte des 18. und zu Beginn des 19. Jahrhunderts blieben unverwirklicht. Nach einer Hungerkatastrophe 1813, in deren Folge es zu einer Abwanderungsbewegung von Bauern kam, wurde die Urbarialreform, also die Neuregelung der Abgaben und Lasten der Bauern, auf Wiener Druck hin abermals in Angriff genommen, führte jedoch zu keinem Ergebnis. Gleiches gilt für die Bemühungen der Behörden, die Lage der Rumänen zu verbessern: Nach Berücksichtigung der Einwände aller Interessengruppen und der Zentralregierung blieb von den ursprünglichen Entwürfen nichts mehr übrig. Die in jeder Hinsicht unbefriedigende Lage der Rumänen wurde von den Ständen und dem Gubernium zwar erkannt, tendenziell wurde jedoch versucht, sie der sozialen und konfessionellen Struktur des ständischen Systems anzupassen, Änderungen hieran aber zu vermeiden.

Während der politisch auch in Siebenbürgen stillen Zeit bis in die 1830er Jahre hinein kam es zu einer regen kulturellen Entfaltung der nun ein Eigenleben entwickelnden Völkerschaften. Die ungarische Sprachgesellschaft, die sächsischen Zeitungen und Zeitschriften und die historisch-philologischen rumänischen Studien sind gute Beispiele dafür. Die Naturwissenschaften eröffneten wie in ganz Europa ein neues Forschungsfeld. Die Ideen, die die Intelligenz Siebenbürgens während der zweiten Hälfte des 18. Jahrhunderts in Freimaurerlogen zusammenführten, wirkten noch nach. Die jungen Eliten sahen sich nun aber eher im Dienste der eigenen Nationalkultur stehen. Eine ethnienübergreifende gesamtsiebenbürgische Orientierung wurde zwar gelegentlich postuliert, konnte angesichts des Primats der Eigeninteressen der jeweiligen Gruppe jedoch nicht in die Praxis umgesetzt werden.

In den 1830er Jahren kam es – unter dem Einfluß der Entwicklung liberaler Ideen in Ungarn und einer offeneren Wiener Politik – zu einer vom mittleren, schon zum Bürgertum neigenden ungarischen Adel getragenen liberalen Reformbewegung in Siebenbürgen. Ihre Ziele waren vor allem wirtschaftliche und gesellschaftliche Modernisierung der ständischen Strukturen. In jahrelangen Bemühungen wurden weitere Entwürfe für eine neue Urbarialordnung, die die Stellung der abhängigen Bauernschaft, denen verhältnismäßig liberale Bürgerrechte zugedacht waren, und die der Grundherren, die erweiterte Pflichten übernehmen sollten, behandelten. Die ungarischen Liberalen sahen diese Maßnahmen der Angleichung an die inzwischen forschrittlicheren Verhältnisse in Ungarn als eine der Voraussetzungen für eine angestrebte Union der beiden Länder an. Schließlich waren auch gemeinsame Sitzungen der Landtage Ungarns und Siebenbürgens, die über die Unionsbedingungen beraten sollten, geplant. Alles deutete auf eine bürgerliche Umgestaltung der Gesellschaft, allerdings mit von Beginn an angelegten nationalen Spannungspotentialen. Die ungarische Reformbewegung verstand die Zugehörigkeit zur Nation der Ungarn als anzustrebenden Idealzustand auch der ethnisch nichtungarischen Völker des Staates und ging von deren mittel- bis langfristigen Assimilierung aus. Dieses für Ungarn in Teilen (etwa im Westen oder in den Städten) gelungene Modell mußte in Siebenbürgen jedoch auf den Widerstand der selbstbewußten Rumänen und Deutschen stoßen.

Die Rumänen meldeten sich mit ihrer Forderung nach Beteiligung an der Macht in den 1830er Jahren erneut zu Wort. Die teilweise Abwanderung ihrer im Rahmen der vorhandenen Strukturen beschäftigungslos bleibenden Intelligenz in die Walachei und die Moldau, die mit der Zurückdrängung des osmanischen Einflusses allmählich erfolgende Konsolidierung dieser beiden rumänischen Nachbarländer und deren Vereinigung 1858/59, prosperierende Presseorgane und Kulturvereine boten eine erweiterte Grundlage und schufen ein wachsendes Selbstbewußtsein. Es begann eine innerrumänische Auseinandersetzung über den Vertretungsanspruch, der bis dahin unangefochten bei den geistlichen Oberhäuptern lag; deren Zuständigkeitsbereiche wurden mit staatlicher Bewilligung zu Metropolien für Siebenbürgen aufgewertet (1853 die Unierten, 1864 die Orthodoxen). Die Sachsen weiteten ihr Nationsverständnis auf die Deutschen auch außerhalb des Königsbodens aus. Zuzug aus dem binnendeutschen Raum, der zwar nie abriß, jetzt aber wegen des politisch-geistigen Stillstands im Deutschen Bund zunahm, brachte zahlreiche kulturelle und wirtschaftliche Impulse. Das Vereinswesen blühte in allen Bereichen des öffentlichen Lebens und trug die nationalen Gedanken in alle Bevölkerungsschichten.

Der ungarische Vorschlag zur Sprachregelung in Siebenbürgen, der dem Landtag von 1841 vorgelegt wurde, erhitzte die Gemüter außerordentlich. Er sah die Einführung des Ungarischen als alleinige Verwaltungssprache und dessen stärkere Dominanz in Teilen des Bildungsbereichs vor. Der „Sprachenstreit" bestimmte die politischen Diskussionen und Polemiken der kommenden Jahre des „Vormärz" in Siebenbürgen und vertiefte die Kluft zwischen Ungarn und Rumänen nur noch weiter. In dieser von nationalen Bestrebungen geprägten Situation, als die „Nationalitätenfrage" nicht nur hier, sondern in der ganzen Habsburgermonarchie zum politischen Problem wurde, schlug die Märzrevolution 1848 binnen weniger Tage von Österreich auf Ungarn und Siebenbürgen über. Dabei wurden die politisch-sozialen Anliegen der bürgerlichen Revolution durch nationale überlagert. Das Metternich-Regime brach zusammen und der Kaiser versprach unter dem Druck der Verhältnisse in erster Linie eine konstitutionelle Verfassung, Gleichberechtigung aller Nationalitäten, Aufhebung der grundherrschaftlichen Abhängigkeiten und Pressefreiheit. Noch im März 1848 forderten die ungarischen Liberalen in Siebenbürgen bürgerliche Reformen und die Union mit Ungarn. Erstaunlich schnell reagierten auch die Sachsen, deren Nationsuniversität den Rumänen auf Königsboden bereits am 3. April gleiche Bürgerrechte zugestand. Die Rumänen Siebenbürgens forderten bei einer Großversammlung am 15. Mai in Blasendorf erneut die Anerkennung als Nation mit politischer Kompetenz sowie bürgerliche Rechte. Der Landtag, der letzte der alten Stände, beschloß am 6. Juni schließlich die Union Siebenbürgens mit Ungarn sowie die allgemeine Bauernbefreiung.

Von Ungarn her war die Union bereits seit dem April, als eine rasch erarbeitete parlamentarische Verfassung und eine eigene Regierung vom Kaiser gebilligt wurden, beschlossene Sache. Seitens der Sachsen war die Union allerdings keineswegs unumstritten, die Rumänen lehnten sie vehement ab. Im Herbst 1848 brach schließlich der Krieg

Schloß Kokelburg, der alte Komitatssitz des Kokelburger Komitats in Mittelsiebenbürgen.

zwischen der kaiserlichen und der ungarischen Regierung aus, womit die jahrhundertealte Auseinandersetzung zwischen habsburgischem Herrschaftsanspruch und ungarischem Eigenständigkeitsstreben einen weiteren und den in der ganzen Geschichte blutigsten Höhepunkt erreichte. Dabei standen die Siebenbürger Rumänen und die Sachsen auf habsburgischer Seite in einem Bürgerkrieg den Ungarn und Szeklern gegenüber. Programmatische Nationalversammlungen der Rumänen und der Szekler verschärften die Polarisierung, der Königsboden der Sachsen wurde zum Aufmarschgebiet kaiserlicher Truppen. Bezugsinstanz der Ungarn und Szekler, in deren Augen dieser Krieg ein „Freiheitskampf" war, war die ungarische Revolutionsregierung in Debrezin, die auch die ungarischen Truppen koordinierte. Um die Jahreswende 1848/49 gewannen diese die Oberhand über die Kaiserlichen. Erst im Sommer 1849 wurde es mit massiver russischer Unterstützung möglich, Ungarn und Siebenbürgen für den österreichischen Kaiserstaat zurückzugewinnen.

Obwohl nach der Revolution erneut restaurative Kräfte in der Monarchie die Oberhand errangen, veränderte sie das Gesicht Siebenbürgens und das nationale Bewußtsein seiner Völkerschaften in vielfältiger Hinsicht. Eine grundlegende Wandlung war die endgültige Abschaffung von Leibeigenschaft, Grundhörigkeit und Fronlasten, gleichwohl soziale Abhängigkeiten weiterbestanden. Die Rumänen erlebten in ihrem Kampf um politische Rechte eine weitere Enttäuschung, gewannen jedoch eine zunehmende Massenbasis. Die Niederlage im Bürgerkrieg, die als nationale Demütigung empfundene Hinrichtung der Generäle der ungarischen Armee, die Rückgängigmachung der Union Siebenbürgens mit Ungarn und die erneute Einbeziehung in die Gesamtmonarchie führten bei den Ungarn zu einer Verherrlichung der Revolutionsideale, zu zunehmendem Eigenständigkeitsstreben und zur Verstärkung ihrer Magyarisierungstendenzen gegenüber den verschiedenen ethnischen Gruppen, den Nationalitäten. Die Sachsen des Königsbodens, die die sächsischen Bewohner der Komitate nun auch in ihre politischen Überlegungen mit einbeziehen konnten, sahen sich mit der Realität einer zahlenmäßigen Minderheit konfrontiert, die jedoch auf ihrem Territorium noch nahezu alle Schlüsselpositionen im politischen und wirtschaftlichen Bereich hielt; sie erkannten ihre Stärken im kulturellen und ökonomischen Bereich als grundlegende Überlebenschance als Gruppe und bauten diese künftig gezielt aus. Im allgemeinen führten die Ereignisse und Ergebnisse der Revolutionswirren von 1848/1849 zur Steigerung nationaler Bewegungen und zur raschen Entwicklung von Nationalismen in ganz Ostmitteleuropa, in Siebenbürgen im besonderen bei Ungarn und Rumänen. Es sollte dies in den kompromißlosen Haltungen der verschiedenen Völkerschaften im „Nationalitätenkampf" eine wichtige Rolle spielen.

In der nun einsetzenden neoabsolutistischen Ära, während der der österreichische Staat einheitlich neuorganisiert werden sollte, wurde

Siebenbürgen ein eigenes Kronland ohne nennenswerte politische Eigenständigkeit. Es hatte einen Ungarn ähnlichen Status, das aufgrund der „Verwirkungstheorie" (wonach Ungarn durch die Abkehr vom Herrscherhaus während der Revolution seine historischen Rechte verloren hatte) ohne Berücksichtigung von Eigeninteressen in die Pläne für einen einheitlichen Staatsapparat integriert wurde. Die uniforme und deutschsprachige Bürokratie des Kaiserstaates erfaßte alle Bereiche und schürte eine antideutsche Stimmung. Eine breit angelegte antihabsburgische Verschwörung im Szeklerland wurde entdeckt und niedergeschlagen. Die Auflösung der Militärgrenze fiel in die gleiche Zeit. Die sächsische Selbstverwaltung (Fiskal-, Legislations- und Jurisdiktionsautonomie) wurde schrittweise weitgehend abgelöst. Die verschiedenen territorialen und ständischen Rechtssammlungen, die im wesentlichen aufs 16. Jahrhundert und ältere Vorlagen zurückgingen, wurden 1853 durch das Österreichische Bürgerliche Gesetzbuch ersetzt. Durch die Aufhebung der alten Abhängigkeitsverhältnisse gerieten Wirtschaft und Steuerwesen in einen unkontrollierbaren Strudel.

Die Bevölkerung Siebenbürgens nach Ethnien (aufgrund zeitgenössischer konfessioneller Konskriptionen, Schätzungen und der Volkszählung von 1850/51)

Jahr	Rumänen	Ungarn	Deutsche	Zigeuner	Juden	Sonstige	Insgesamt	Gesamtbevölkerung
			%					
1766*	58,9	27,5	13,6	—	—	—	100,00	953 886
	52,0	41,0	6,5	—	—	0,5	100,01	1 453 742
1773	63,5	24,2	12,3	—	—	—	100,01	1 066 017
1786	30,5	49,7	18,2	0,7	0,2	0,7	100,01	1 664 545
1794	50,0	33,0	12,5	4,3	0,1	0,1	100,01	1 458 559
1844	60,1	28,6	10,0	0,8	0,2	0,3	100,02	2 143 310
1850/51	59,5	25,9	9,4	3,8	0,8	0,6	100,02	2 062 379

* Aus diesem Jahr liegen zwei Datenserien vor.
Quelle: Kurze Geschichte Siebenbürgens. Budapest 1990, 411.

Das Oktoberdiplom von 1860, das der Monarchie eine auf den einzelnen Ländern basierende konstitutionelle Verfassung gab, gewährte erneut gewisse regionale Freiräume, wenn auch eingeschränkt durch das Februarpatent von 1861. In Siebenbürgen wurde das Gubernium in der alten Form wieder eingerichtet und ein Landtag einberufen. Die Landtagsabgeordneten wurden dabei erstmals nach einem Wahlzensus gewählt, der einerseits den nur sehr geringe Steuern zahlenden Adel zu weiten Teilen ausschloß, andererseits den Rumänen die Möglichkeit bot, in diesem Forum ein politisches Gewicht zu erringen. Einschließlich der ernannten und der Mitglieder von Amts wegen sahen die Mehrheitsverhältnisse in dem 1863 in Hermannstadt zusammengetretenen Landtag wie folgt aus: 58 Rumänen, 56 Ungarn und Szekler, 44 Sachsen. Allerdings blieben nahezu alle Ungarn und Szekler dem Landtag fern, da dieser nicht mit der Zielsetzung zusammentrat, die Union Siebenbürgens mit Ungarn, die auch von Ungarn aus angestrebt wurde, zu bestätigen und zu realisieren und da dieser Landtag den neuen Reichsrat in Wien zu beschicken gedachte.

Die wichtigste Aufgabe dieses einzigartigen Landtags war – nach Vorlagen des Kaisers – die Ausarbeitung von Gesetzesvorschlägen für die Gleichberechtigung der Rumänen und ihrer Konfessionen sowie für den Gebrauch der drei Landessprachen in der öffentlichen Verwaltung. Auf die alten Verfassungsstrukturen aufbauend, wurde die Nation der „Romanen" als mit Ungarn, Szeklern und Sachsen gleichberechtigt anerkannt, wobei „Nation" nunmehr als ethnische Gemeinschaft zu verstehen war. Desgleichen erlangten die griechisch-katholische und die griechisch-orthodoxe Kirche Gleichstellung mit den von altersher „rezipierten" Konfessionen. Die Gesetzesvorlagen erlangten die kaiserliche Bestätigung außerordentlich rasch. Die drei Landessprachen Ungarisch, Rumänisch und Deutsch wurden ebenfalls als gleichberechtigt anerkannt. Auch in allen anderen vom Kaiser vorgegebenen Punkten – darunter Landtagsordnung, Neuregelung der öffentlichen

Verwaltung, oberste Gerichtsbehörde – fanden sich bis Ende 1864 Lösungen, wobei die nun zeitweilig erfolgreiche sächsisch-rumänische Zusammenarbeit keineswegs einfach und konfliktfrei war und oft Kompromisse nötig machte.

Wenn nun auch eine gute Grundlage für ein künftig ausgeglicheneres Verhältnis der Nationalitäten geschaffen schien, so mußten dennoch die entgegenwirkenden politischen Realitäten in Rechnung gestellt werden. Bereits 1864 kam es zu einer Abkühlung des Verhältnisses zwischen Siebenbürgen und Wien, das bereits geheime Ausgleichsverhandlungen mit den politisch führenden Kreisen Ungarns aufgenommen hatte; diese zielten auf eine Sonderstellung Ungarns in der Monarchie hin. Die Bemühungen konkretisierten sich während des Jahres 1865, so daß der Kaiser für den November 1865 einen weiteren siebenbürgischen Landtag einberief, dessen einzige Aufgabe die Neuverhandlung der Union mit Ungarn war. Aufgrund eines neu festgesetzten Zensus erhielten die Ungarn diesmal eine Mehrheit und konnten den Antrag zur Umsetzung der Union annehmen. Sachsen und Rumänen stimmten fast ausnahmslos dagegen. Deren Bestrebungen, vor der Annahme der Union die Zusicherung von Sonderrechten für die einzelnen Nationalitäten zu erlangen, blieben erfolglos. Auch wenn die vollkommene Eingliederung Siebenbürgens in den ungarischen Staat erst allmählich durchgeführt werden konnte, so fand mit diesem Datum dennoch jede noch verbliebene Eigenständigkeit des Landes ein Ende.

VI. SIEBENBÜRGEN ZUR ZEIT DES ÖSTERREICHISCH-UNGARISCHEN DUALISMUS

Staatsnation und Nationalitäten

Der außerhalb des Deutschen und Ungarischen gebräuchliche Begriff österreichisch-ungarischer „Kompromiß" umschreibt die staatsrechtlichen Neuregelungen des Jahres 1867 im österreichischen Kaiserstaat besser als die Bezeichnung „Ausgleich": Es ging aus Wiener Sicht darum, die politischen Ansprüche der vehement nach Unabhängigkeit drängenden Ungarn zu befriedigen, ohne sie aus dem Gesamtstaat zu entlassen. Die sich über mehrere Jahre hinziehenden Verhandlungen führten zu einer Zeit besonderer außenpolitischer Schwäche der Monarchie – nach dem Verlust Venetiens und der Niederlage gegen Preußen – zu einem Abschluß. Das Königreich Ungarn wurde ein unabhängiger, konstitutioneller Staat, dessen König in Personalunion der österreichische Kaiser war und der mit dem Rest der Monarchie lediglich die Ressorts für auswärtige Angelegenheiten und für das Militärwesen sowie für die hierfür erforderlichen Finanzen gemeinsam hatte. Der Ausgleich kam zu einem Zeitpunkt zustande, als sich der Interessenschwerpunkt der Habsburger endgültig in den Osten verlagerte, da der bis dahin noch aufrechterhaltene Anspruch auf die Vorherrschaft unter den deutschen Staaten mit Königgrätz 1866 beendet, Österreich aus „Deutschland" verdrängt wurde. Die dualistische Lösung, bei der die „Königreiche und Länder" der österreichischen Reichshälfte sowie das Königreich Ungarn praktisch gleichberechtigte Partner unter einem gemeinsamen Monarchen waren, sollte politische Entspannung im Innern bringen.

Die Ungarn sahen im Ausgleich eine Bestätigung ihres Anspruchs auf Eigenständigkeit und zugleich die Forderungen der Revolution von 1848/49 weitgehend verwirklicht. Die Idee eines Einheitsstaates gewann nun eine realistische Grundlage. Die Union Ungarns mit Siebenbürgen war Bestandteil des Ausgleichs und konnte nun ohne Widerstände, wenn auch unter Protest der Nationalitäten umgesetzt werden. Lediglich mit Kroatien-Slawonien, das ebenfalls zu Ungarn gehörte, wurde 1868 ein gesonderter Ausgleich getroffen, der den Kroaten eine gewisse, auf ihrer Tradition fußende Sonderstellung gewährte. Die Nationalitätenfrage blieb neben der Modernisierung des Staatswesens und der Wirtschaft auch nach 1867 die bestimmende innenpolitische Problematik, wobei sich nurmehr bedingt speziell siebenbürgische, eher gesamtstaatliche Fragestellungen ausmachen lassen.

Für Siebenbürgen bedeutete der Ausgleich zunächst einen allmählichen, doch grundlegenden Wandel der Verwaltungsstruktur. Statt der Wiener Behörden waren nun eine ungarische Regierung und ungarische Ministerien in Pest zuständig, das Gubernium wurde noch für ein Jahr beibehalten. Statt des Landtags wurde nun der Pester Reichstag mit Abgeordneten beschickt, die auf der Grundlage eines Zensuswahlrechts noch in den alten Verwaltungseinheiten gewählt wurden. Die weitreichenden Beschlüsse des Hermannstädter Landtags von 1863/64 wurden durch kaiserlichen Erlaß außer Kraft gesetzt. Die rechtlichen Grundlagen und behördlichen Strukturen wurden erst allmählich angeglichen, regionale Besonderheiten während einer Übergangszeit beibehalten. Ungarisch wurde nicht sofort zur allgemeinen Verwaltungssprache, wenngleich es stark an Bedeutung gewann. Eine allgemeine Verwaltungsreform befand sich noch im Stadium der Planung. Hingegen wurden die bürgerliche Gleichberechtigung und die Aufhebung der alten Nationsprivilegien bestätigt, ebenso die Rechte und die Selbstverwaltung der Konfessionsgemeinschaften.

Zur Lösung der „Nationalitätenfrage" wurde bereits 1868 der gesetzgeberische Weg beschritten. Das entsprechende Gesetz, im europäischen Rahmen revolutionär, vermittelt einen durchaus liberalen Eindruck, erkannte die Nationalitäten jedoch nicht als gleichberechtigt oder als selbständige Kollektive an, sondern sprach von der „einheitlichen, unteilbaren ungarischen Nation". Das Ungarische erhielt den Status einer Staatssprache, den Nationalitäten wurden im sprachlichen Bereich allerdings weitgehende Rechte gerade auf lokaler und regionaler Verwaltungsebene eingeräumt. Der Unterricht sollte mit Ausnahme der akademischen Bildung in der jeweiligen Muttersprache gewährleistet werden. Da das Gesetz im allgemeinen aber nur die individuellen Freiheitsrechte sicherte, lehnten es die Nationalitätenvertreter einstimmig ab. Das Entscheidende der Folgeentwicklung war, daß es nie zu einer konsequenten Durchführung und Anwendung dieses Gesetzes kam: Zur Ablehnung durch die Minderheiten kam der schwindende Einfluß der alten ungarischen Liberalen. Deren ausgeprägter (Wirtschafts-)Liberalismus stand in deutlichem Widerspruch zu der Berücksichtigung von Sonderinteressen bestimmter ethnischer Gruppen. Vielmehr zielte die anfängliche und aus heutiger Perspektive als relativ moderat empfundene Nationalitätenpolitik auf die Integration der „Minderheiten" in die politische Nation. Erst ein Generationenwechsel führte zur eigentlichen Magyarisierungspolitik.

Es fällt im übrigen schwer, für diese Zeit bereits den Begriff der „nationalen Minderheiten" zu verwenden, da einerseits das staatstragende Volk der Ungarn im Gesamtstaat lediglich die verhältnismäßige Mehrheit und die Nationalitäten auf regionaler Ebene in der Regel selbst die Bevölkerungsmajorität bildeten. Hinzu kommt, daß ein modernes Minderheitenbewußtsein nicht existierte und sich erst um die Jahrhundertwende zu entwickeln begann. Die Andersartigkeit der Werte im politischen Leben läßt sich auch an den Grundlagen des Wahlzensus ersehen, der aufgrund von Steuerleistung, Besitz und

Bildung rund einem Viertel der Sachsen, einem Fünftel der Ungarn und nicht einmal einem Zehntel der Rumänen in Siebenbürgen das Wahlrecht zuerkannte. Diese Disproportion im Verhältnis zu den Bevölkerungsanteilen ging freilich auch auf besondere Bestimmungen für die siebenbürgischen Landesteile Ungarns zurück, die die Rumänen stark benachteiligten.

Deren Reaktion auf den Ausgleich zwischen dem österreichischen Reichsteil und Ungarn sowie auf die Aufhebung jeglicher Eigenständigkeit Siebenbürgens war ein jahrelanger politischer Passivismus. In einer Versammlung in Blasendorf 1868 gedachten sie der Revolution vor zwanzig Jahren und wiederholten die seinerzeitigen Forderungen: Aufhebung der Union, Wiederherstellung der Autonomie Siebenbürgens und Anerkennung ihrer Rechte als Nationalität. Die 1869 gegründete Rumänische Nationalpartei für Siebenbürgen lehnte in der Konsequenz der Distanzierung vom Ausgleich und der Union die Teilnahme am parlamentarischen Leben Ungarns ab. Die Partei selbst wurde zwar umgehend verboten, doch gelang es den Rumänen zumindest auf regionaler Ebene, etwa in den Komitatsversammlungen, ihre politischen Vorstellungen zu äußern. Gleichzeitig fanden innere Klärungsprozesse statt, da sich die rumänische politische Elite allmählich von ihrer Bevormundung durch die Geistlichkeit der beiden eigenen Konfessionen zu lösen vermochte. Dieser Umstand, die deutlichen Erfolge auf kulturellem Gebiet und die an Intensität zunehmende Zusammenarbeit mit Institutionen und Förderern im benachbarten Rumänien, das sich in einem Unabhängigkeitskrieg 1877/78 der osmanischen Oberhoheit entledigte, steigerten das Selbstbewußtsein der siebenbürgisch-rumänischen Politiker beträchtlich und schufen so ab den 1880er Jahren die Voraussetzungen für eine graduelle Aufgabe der passivistischen Politik. In diese Richtung wies auch die Vereinigung der Rumänischen Nationalparteien der verschiedenen auch von Rumänen bewohnten Landesteile Ungarns 1881.

Der Marktplatz von Neumarkt am Mieresch (19. Jahrhundert).

Der bei den Sachsen während der zweiten Hälfte des 19. Jahrhunderts, im besonderen nach dem Ausgleich 1867 feststellbare Wandel ist unter den siebenbürgischen Völkerschaften wohl am weitreichendsten. Der sich unter Joseph II. bereits andeutende, 1848, 1867 und mit der Verwaltungsreform 1876 schrittweise realisierte Verlust ihres politischen Gewichts als Landstand hatte weitreichende Verlagerungen im gesellschaftlichen Leben zur Folge: Die Konzentration auf wirtschaftliche und kulturelle Belange, die während des Vormärz einsetzte, erfuhr nun eine deutliche Verstärkung, wobei die lutherische Kirche einerseits, die zahlreichen neugeschaffenen Vereine andererseits die zentrale Rolle einnahmen. Der Rechtsbegriff „Sachsen" wandelte sich endgültig zur Bezeichnung für das Ethnikum auf früherem Königs- wie Komitatsboden, wobei die Identifizierung mit dem binnendeutschen Raum als „Mutterland" stetig zunahm und durch die Reichsgründung 1871 katalysiert wurde; die Orientierung an Österreich und seinem an den inneren Fragen Ungarns wenig Interesse zeigenden Kaiser trat demgegenüber zunehmend in den Hintergrund. Schwerpunkte innersächsischer Interessen wurden die Pflege und der Ausbau des ohnehin hochentwickelten konfessionellen Schulwesens sowie die ökonomische Stärkung der Landwirtschaft und des Gewerbes durch Genossenschaften, Vereine, Banken, verbesserte Ausbildung und Reformen. Die Bedeutung des sich um diese Zeit aufgrund intensiver historischer Forschungen herausbildenden Geschichtsbewußtseins für das spätere Selbstverständnis kann gar nicht überschätzt werden.

Bei den Ungarn waren sehr ähnliche Entwicklungen im kulturellen und wirtschaftlichen Bereich festzustellen. Obwohl vorbehaltlos Glieder der staatstragenden Nation, war ihr Hintergrund dem der Rumänen und Sachsen durchaus vergleichbar: In weiten Teilen Ungarns und genauso in Siebenbürgen zur zahlenmäßigen Minderheit geworden, fürchteten sie um ihren nationalen Bestand. Sie suchten daher das eigene Ethnikum zu stärken, noch bestehende Schranken zu den Szeklern abzubauen, um sie ins Gesamtvolk zu integrieren, und neue Anhänger zu gewinnen. Dabei spielte der Glaube an die Überlegenheit der eigenen Kultur gegenüber jener vieler anderer Nationalitäten des Landes eine ausschlaggebende Rolle: Im Bewußtsein ungarischer Politiker bedeutete die in den 1870er Jahren moderat einsetzende und immer krassere Formen annehmende Magyarisierungspolitik, die bis hin zur Brechung geltenden Rechts durch Organe des Staates reichte, folgerichtig zunächst Kulturförderung und weniger ethnische Zwangsintegration. Von ungarischer Seite wird in der Fachliteratur bis heute beständig darauf hingewiesen, daß die den Magyarisierungsmaßnahmen ausgesetzten Nationalitäten während der Zeit des Dualismus eine deutliche Steigerung ihrer Wirtschaftskraft und ihrer kulturellen Institutionen erfuhren, was für die ungarischen Bevölkerungsteile nicht gesagt werden könne. Auch wenn dies für die als Beleg angeführten absoluten Zahlen zutreffend ist, dürfen die relative Rückständigkeit – im Falle Siebenbürgens vor allem der Rumänen – und die Hinderung an deren Überwindung dennoch nicht übersehen werden. Bedeutung für die gesamte Bevölkerung Siebenbürgens sollte die 1872 in Klausenburg gegründete Universität erlangen.

Die unmittelbar nach dem Ausgleich einsetzenden Verwaltungsreformen fanden 1876 mit der Neueinteilung der Komitate und der endgültigen Aufhebung der Szekler Stühle und des Königsbodens der Sachsen ihren Abschluß. Damit fielen die Reste der mittelalterlichen Landesverfassung Siebenbürgens, Ungarn wurde zu einem für seine Zeit modernen Staat, wenn auch in weiten Teilen der Gesellschaft und Wirtschaft im Vergleich zu den westlichen Provinzen der Monarchie unterentwickelt. Zugleich begann mit einem Generationenwechsel in der ungarischen Politik eine wesentlich härtere Gangart gegenüber den Nationalitäten: Die alten Liberalen wurden von einer jüngeren und konservativeren Strömung abgelöst. Dies machte sich vor allem im Schulwesen, für das 1879 der obligatorische Ungarisch-Unterricht an Volksschulen eingeführt wurde, und in der Verwaltung bemerkbar, wo die Staatssprache bis hin zur Schreibweise von Namen einen immer höheren Stellenwert einnahm. Die gerade für Siebenbürgen während der vorhergegangenen Jahrzehnte charakteristische Dreisprachigkeit aller offiziellen oder öffentlichen Verlautbarungen fand nun ein Ende und wurde aufs Ungarische reduziert. Im Umgang mit Behörden wurden die Sprachen der Minderheiten allmählich gänzlich verdrängt.

Die Politik der Magyarisierung, die den Anteil der Nichtungarn in der transleithanischen Reichshälfte mittel- und langfristig zu reduzieren trachtete, verlief als wellenmäßiger Prozeß. Die Eingriffe in die kulturellen Rechte der Nationalitäten wurden von diesen im allgemeinen als so weitreichend empfunden, daß statt der beabsichtigten Assimilation oder doch Kooperation eine entschiedene Abwehrhaltung die Folge war. In Siebenbürgen traf diese Politik in erster Linie die Rumänen, deren kulturelle Institutionen noch nicht stark genug gefestigt waren, um den staatlichen Eingriffen zu begegnen. Auch ihre Wirtschaftskraft war noch zu unbedeutend, um entzogene Förderungen aus eigenen Mitteln aufzubringen. Hingegen vermochte das traditionelle und überaus gut ausgebaute konfessionelle Schulwesen der Sachsen, zum Teil gestützt auf die Erträge kollektiver Einrichtungen, ohne nennenswerten Schaden weiterzubestehen. Selbst im politischen und wirtschaftlichen Bereich konnten sie durch Kooperationen mit den Regierungsparteien eine gegenüber den anderen Minderheiten etwas geschütztere Stellung beziehen. Ein deutlich ausgeprägter Pragmatismus wurde nun endgültig zum Kennzeichen sächsischer Politik nach außen, während die inneren Belange von der sich zur Volkskirche entwickelnden lutherischen Kirche bestimmt wurden.

Verfestigung nationaler Fronten

Das mangelnde Zusammengehen der Nationalitäten lag ganz im Sinne der Regierungspolitik, die spätestens ab Mitte der neunziger Jahre die Erhöhung des ungarischen Bevölkerungsanteils mit allen Mitteln zur obersten Maxime machte. Zu diesem Zeitpunkt erfreuten sich die Rumänen Siebenbürgens bereits der vollen moralischen und finanziellen Unterstützung aus Bukarest, das sich auch auf oberster Ebene für das rumänische Ethnikum Ungarns einsetzte. Die restriktive Haltung der ungarischen Politiker hatte unterschwellig einen Orientierungswandel von Teilen der rumänischen Elite zur Folge. Diese setzten nun nicht nur auf die Verwirklichung von mehr Rechten und auf regionale Selbständigkeit innerhalb der Habsburger Monarchie, sondern immer häufiger auch auf die Möglichkeit des Zusammenschlusses aller Rumänen in einem Staat. Entscheidend ist dabei nicht die Realitätsnähe solcher Überlegungen, sondern zunächst die deutliche Formulierung dieser Option, sei es durch nationale Kreise in Rumänien (seit 1881 Königreich), sei es durch rumänische Intellektuelle in Siebenbürgen selber.

Die rumänische Nationalbewegung, in der sich ein Generationenwechsel vollzog, nutzte die etwas instabilen ungarischen politischen Verhältnisse zu Beginn der neunziger Jahre, um mit einer Denkschriftaktion auf eine Verbesserung zu drängen. Das 1892 in Wien übergebene „Memorandum" ging – ähnlich dem „Supplex Libellus" von 1791 – ungeöffnet nach Budapest und von dort ebenfalls ungeöffnet an den absendenden Vorsitzenden der Rumänischen Nationalpartei nach Siebenbürgen zurück. Das Memorandum brachte die Unzufriedenheit mit dem dualistischen System, mit dem restriktiven Wahlrecht sowie mit der nationalitätenfeindlichen Schulgesetzgebung zum Ausdruck und forderte gleiche Rechte für die Nationalitäten. Der Adressat der Denkschrift, Kaiser Franz Joseph, griff schon lange nicht mehr in die Innenpolitik Ungarns ein. Die ungarischen Behörden brachten die „Me-

Landschaft in Mittelsiebenbürgen.

morandisten", die Verfasser des Dokuments, denn auch in Presseprozessen vor Gericht und verhängten 1894 Freiheitsstrafen von bis zu fünf Jahren. Damit wurde eine Periode vielfacher Verurteilungen von Minderheitenangehörigen wegen angeblicher Verletzung der Presse- und Versammlungsfreiheit eingeleitet, denen sich die betroffenen Rumänen und Sachsen oft durch die Flucht ins Ausland entzogen. Das Gefängnis für solcherart politisch unliebsame Personen in Szeged erhielt im Volksmund den bezeichnenden Namen „Nationalitätenhotel".

Vielfältige Anlässe zu Rechtsstreitigkeiten boten die in der Folge der Milleniumsfeierlichkeiten 1896 – im Gedenken an die Landnahme durch die ungarischen Stämme veranstaltet – erlassenen Orts- und Personennamenbestimmungen, die nunmehr nur offizielle ungarische Namensformen zuließen und zu einer besonderen Erregung der Gemüter beitrugen. Das 1896 bewußt zur Schau getragene großungarische Bewußtsein, in dem die nichtungarischen Völker des Reiches – immerhin fast die Hälfte der Bevölkerung – in ein ideologisches Muster gepreßt wurden, verschärfte die zwischenethnischen Beziehungen ein weiteres Mal. Auch unter den Sachsen, für die sich mit wachsendem Bekanntheitsgrad im binnendeutschen Raum die Bezeichnung „Siebenbürger Sachsen" durchsetzte, regte sich deutlicher Widerstand. Diese hatten nach dem Verlust ihrer Selbstverwaltung ein eigenes System auf ethnischer Grundlage zur Vertretung ihrer politischen Interessen entwickelt. „Sachsentage" entschieden seit 1872 über die Grundlinien der Politik, deren Leitung seit 1876 die Sächsische Volkspartei, eher einem Schutzbund als einer Partei vergleichbar, innehatte. Die institutionalisierte Zusammenarbeit mit den ungarischen Regierungen wollten gerade die jüngeren sächsischen Akademiker, die „Grünen", nicht länger hinnehmen und stellten die Politik der älteren „Schwarzen", die nicht zuletzt die Konsolidierung guter Teile der sächsischen Wirtschaft zu Wege gebracht hatten, in Frage. Die Grünen setzten sich für eine Zusammenarbeit mit den Rumänen und selbst mit den Ungarndeutschen ein; gerade letzteres lag außerhalb des Gesichtsfeldes der Schwarzen, die wohl ein ausgeprägtes deutschnationales Bewußtsein hatten, jedoch keinesfalls gesamtdeutschen oder konfessionsübergreifenden Bestrebungen zuungunsten der Vorteile der eigenen Gruppe den Vorzug zu geben vermochten. Die Auseinandersetzung zwischen Schwarzen und Grünen flaute in dem Maße ab, in dem die letzteren politische Verantwortung und damit den Pragmatismus der ersteren übernahmen.

Bei den politisch interessierten Rumänen war um die Jahrhundertwende ebenfalls ein Generationenstreit festzustellen, jedoch mit gegenläufiger Tendenz. Die Jüngeren drängten zur Anerkennung des dualistischen Systems und zur Mitarbeit im parlamentarischen Leben Ungarns. Im Gegenzug erwarteten sie die Zusicherung eines liberaleren Wahlrechts. Als die Rumänische Nationalpartei nach über zehn Jahren 1905 wieder eine Versammlung mit behördlicher Erlaubnis abhielt, konnte unter dem Einfluß der jüngeren Generation ein neues Programm angenommen werden: Erstmals stand die Autonomie Siebenbürgens nicht mehr im Vordergrund, doch wurden nicht weniger deutlich Selbstverwaltungsgebiete auf ethnischer Grundlage, das allgemeine Wahlrecht und die Einhaltung des Nationalitätengesetzes von 1868 gefordert. Nach dem grundlegenden Wechsel in der ungarischen Politik 1905/06, als die Liberalen die Macht nach rund vier Jahrzehnten an die Konservativen abgeben mußten, schien den Nationalitäten der Wind zunächst ins Gesicht zu blasen. Das sogenannte Apponyische Schulgesetz von 1907, das mit drastischen Magyarisierungsmaßnahmen im Schulwesen verbunden war, bestätigte den Ruf der Regierung als chauvinistisch und minderheitenfeindlich.

Das bestimmende Thema der ungarischen Politik war neben der Nationalitätenfrage die Haltung zum Dualismus und zur Gesamtmonarchie. Die auf eine weitere Loslösung von Wien drängenden Kräfte, die bestenfalls noch ein gemeinsames Staatsoberhaupt mit Österreich anerkennen wollten, gegenüber den den Dualismus tragenden Liberalen jahrzehntelang unterlegen, gewannen an Zulauf und erhielten als „Koalition" in den Parlamentswahlen von 1905 eine Mehrheit. Die Krise um das dualistische System wurde durch das Wirken des Thronfolgers Franz Ferdinand verstärkt, der ein entschiedener Gegner dieser Lösung war und föderalistische Konzepte für die Gesamtmonarchie anstrebte. Führende rumänische Politiker unterhielten enge Beziehungen zu Franz Ferdinand und zu seinem Schattenkabinett und legten eigene Födera-

Ein Dorfmarkt in Siebenbürgen mit Vertretern der verschiedenen ethnischen und sozialen Gruppen.

tionsentwürfe vor. Sie standen mit dem Kreis um den Thronfolger auch während jener Verhandlungen in ständiger Verbindung, die nach 1910 zwischen Vertretern der Rumänen mit den ungarischen Regierungen einsetzten. Franz Ferdinand dachte den Rumänen in einer neugestalteten Monarchie eine entscheidende Rolle zu, sie solcherart in ihrer Ablehnung des Dualismus bestärkend. Mit aus diesem Grunde blieben die Ausgleichsversuche mit Budapest trotz streckenweise positiver Entwicklung – vor allem im Hinblick auf Wahlrecht, Wirtschafts- und Kulturförderung – immer wieder stecken, bis ihre Fortführung nach Ausbruch des Krieges unterblieb.

Die ungarische Politik war zu diesem Zeitpunkt in der Frage der Behandlung der Nationalitäten und ihrer Einbindung als politische Kollektive in den Gesamtstaat uneins. Seitens der Strömung des „bürgerlichen Radikalismus" regten sich bereits Stimmen, die eine friedliche Koexistenz der Ethnien und die Einrichtung Siebenbürgens als einer „östlichen Schweiz" propagierten. Im allgemeinen dominierte jedoch die Angst vor den ethnischen Minderheiten, da das ungarische Ethnikum trotz der Magyarisierungsbemühungen prozentual abnahm und zugleich die wirtschaftliche und kulturelle, bildungsmäßige Potenz der Nationalitäten wuchs. Eine gewisse Ausnahmeerscheinung bildeten in diesem Beziehungsgeflecht die Deutschen Siebenbürgens, die einerseits voll in das politische Leben integriert waren, bei denen andererseits die Magyarisierungsversuche aufgrund ihrer eigentümlichen kollektiven Strukturen jedoch nicht einmal im Ansatz griffen. Ihre Loyalität zum Staat Ungarn stand außer Frage, da sie sich nur im Bündnis mit diesem in der Lage sahen, sich gegenüber der zahlenmäßigen Mehrheit der Rumänen, die diese gegen Beginn des Jahrhunderts auch auf dem früheren Königsboden erlangten, zu behaupten. So standen die Sachsen den immer wieder aufkommenden Diskussionen um das allgemeine Wahlrecht denn auch äußerst reserviert gegenüber.

In wirtschaftlicher Hinsicht entwickelte sich Ungarn und somit auch Siebenbürgen durchaus verheißungsvoll. Umgestaltungsprozesse in der Landwirtschaft, die Erschließung des Landes durch Eisenbahnen oder die Etablierung industrieller Betriebe ab dem Ende des 19. Jahrhunderts, das Erstarken von Kreditinstituten und Versicherungsgesellschaften sind genauso Anzeichen dafür wie die Verbesserung des Lebensstandards zumindest im bürgerlichen und gehobenen bäuerlichen Bereich oder der Ausbau der medizinischen Versorgung. Die Mobilität der Bevölkerung nahm beachtlich zu. Wirtschaftlicher Wandel und zeitweilige wirtschaftliche Krisen, die in erster Linie das Gewerbe und die Überpopulation auf dem Lande trafen, führten allerdings zu wiederholten Auswanderungswellen nach Amerika oder ins rumänische Nachbarland. Zwar kam es zur Herausbildung einer Industriearbeiterschaft, diese blieb jedoch genauso wie die Arbeiterbewegung zahlenmäßig unbedeutend. Die ungarische Religionsgesetzgebung der 1890er Jahre hatte eine nachhaltige Liberalisierung des Alltags zur Folge. Die landesweit einheitliche Organisierung von Verwaltung und öffentlichem Leben wurde allmählich umgesetzt, so daß, trotz aller Auseinandersetzungen mit den Nationalitäten, innere Stabilität und Zuverlässigkeit ihre Kennzeichen wurden. Im allgemeinen hatte die wirtschaftlich-soziale Entwicklung Ungarns während dieser Zeit mitteleuropäisches Niveau.

Beim Ausbruch des Krieges im Sommer 1914 stand die Treue der verschiedenen Ethnien Siebenbürgens und Ungarns zur Gesamtmonarchie und zur Krone außer Frage. Die politischen Diskussionen wurden nach einer Unterbrechung zwar weitergeführt, wobei der Parteileitung der Siebenbürger Rumänen der Umstand zugute kam, daß die Mittelmächte nachdrücklich um die Neutralität des Königreichs Rumänien oder gar um dessen Kooperation bemüht waren. Die ungarische Regierung blockte jedoch jede Fürsprache für die Rumänen, die vor allem aus Berlin kam, ab und ließ lediglich kaum merkliche Lockerungen zu.

Während dessen fanden die Bukarester rumänischen Bestrebungen zum Erwerb benachbarter auch rumänisch bewohnter Provinzen in den Vereinbarungen mit den Entente-Mächten eine hoffnungsvolle Basis: In einem Geheimvertrag wurden Rumänien 1916 Siebenbürgen, die Bukowina, das Banat sowie weitere ostungarische Gebiete als Gegenleistung für den Kriegseintritt auf der Seite der Entente zugesichert.

Die auf dieser Grundlage erfolgte Kriegserklärung an die Doppelmonarchie und der Einmarsch rumänischer Truppen nach Südsiebenbürgen im Spätsommer 1916 blieb eine Episode, da die Rumänen von österreichisch-ungarischen und vor allem von deutschen Armeen verhältnismäßig rasch zurückgedrängt wurden und Rumänien in der Folge weitgehend unter die Kontrolle der Mittelmächte geriet. Obwohl die Siebenbürger Rumänen den reichsrumänischen Einmarsch nur bedingt begrüßten und sich der österreichisch-ungarischen Monarchie gegenüber meist loyal oder doch zumindest neutral verhielten, kam es anschließend zu einer Verschärfung der Beziehungen zwischen den Nationalitäten. Von ungarischer Regierungsseite wurden gezielt gegen die Rumänen gerichtete Maßnahmen ergriffen während sich die Ungarn und Deutschen besonderer Fürsorge erfreuten. Die Belastungen durch den langandauernden Krieg waren in Siebenbürgen zwar drückend, doch kam es nicht zu einem Niedergang, eher noch zu einer bescheidenen Weiterentwicklung der Wirtschaft (mit Ausnahme des Agrarbereichs).

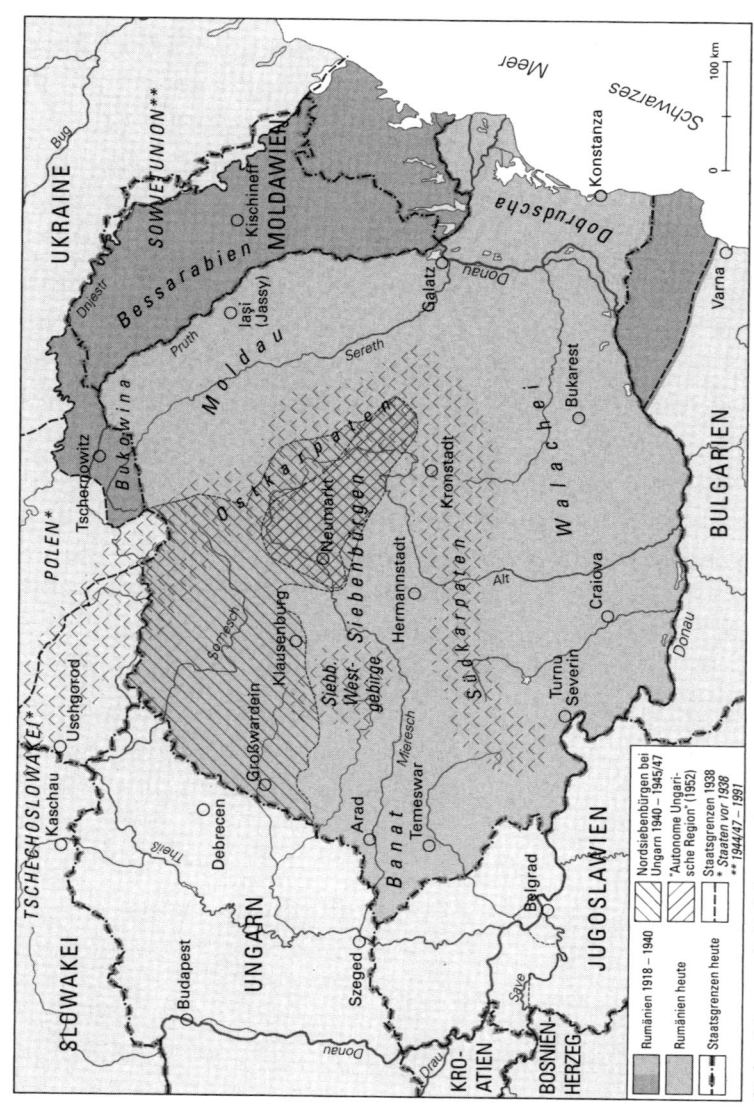

Siebenbürgen als Teil Rumäniens

VII. SIEBENBÜRGEN ALS TEIL RUMÄNIENS

Anschluß an das Königreich Rumänien

Die Möglichkeit eines Anschlusses Siebenbürgens an das Königreich Rumänien wurde, wie bereits erwähnt, schon Ende des 19. Jahrhunderts beiderseits der Karpaten erwogen, die realistische Chance einer Auflösung der Habsburger Doppelmonarchie wurde jedoch selbst während des Weltkriegs für sehr begrenzt gehalten. Die Zahl der Verfechter dieser Idee war daher unter den Siebenbürger Rumänen zunächst nur gering, die abwartende Haltung dominierte. Ob unter den Rumänen Siebenbürgens und Ungarns der Anschluß an das Königreich, das „Regat", oder eine regionale Autonomie im Rahmen einer umgestalteten Donaumonarchie eher Zustimmung gefunden hätte, muß ungewiß bleiben. Die Tendenz ging jedenfalls nicht so eindeutig in Richtung eines Großrumänien, wie dies die national ausgerichtete rumänische Geschichtsschreibung glauben machen möchte. Der Gang der Ereignisse, die sich in der zweiten Jahreshälfte 1918 überstürzten, brachte eine eindeutige Entscheidung.

Während der Vorbereitung eines Waffenstillstands mit den Alliierten erließ Kaiser Karl I., der Franz Joseph 1916 auf dem Thron nachgefolgt war, am 16. Oktober 1918 den Aufruf „An meine Völker", in dem er in einem letzten Rettungsversuch eine föderative Umgestaltung seines Reiches und Selbstbestimmung der Ethnien zusagte. Mit der Bildung einer deutsch-österreichischen Nationalversammlung, der Ausrufung der Tschechoslowakei und der Abspaltung der Südslaven zerfiel der Staatsverband jedoch schon in den kommenden Wochen. Während nur zwei Tagen siegte die Revolution in Budapest, so daß es am 1. November zur Bildung einer selbständigen ungarischen Regierung kam. Die Donaumonarchie war vollständig im Auflösungsprozeß begriffen. In den meisten Teilen des Reiches brach die öffentliche Ordnung zusammen, regionale und lokale Bürgerwehren konnten sie nur notdürftig sichern.

Auch die Völker der östlichen Provinzen reagierten prompt. Am 31. Oktober bildete sich in Budapest der Rumänische Nationalrat, der die neue ungarische Regierung am 9. November zur Übergabe der Macht in den 26 östlichen, als Ganzes mehrheitlich von Rumänen bewohnten Komitaten aufforderte. Die Mitte November in Arad zwischen dem Nationalrat der Rumänen und der Budapester Regierung, die nun auch regionale Autonomie anbot, geführten Verhandlungen blieben ergebnislos: Der am 13. November zwischen Ungarn und der Entente geschlossene Waffenstillstand sah die alliierte Besetzung Siebenbürgens bis zur Mieresch-Linie vor, so daß der Anschluß an das Königreich Rumänien bereits zu diesem Zeitpunkt die sicherste Option war. Schon eine Woche später begann der Einmarsch rumänischer Truppen in Siebenbürgen. Anfang Dezember war die Demarkationslinie am Mieresch erreicht, der Rückzug beziehungsweise die Auflösung der deutschen und österreichisch-ungarischen Einheiten und die günstige politische Konstellation erlaubten einen allmählichen weiteren Vormarsch.

Die Sachsen schufen ihrerseits bereits am 2. November einen eigenen Nationalrat, der schnell auf die sich laufend verändernde Lage reagieren sollte. So wurden umgehend Gespräche mit Vertretern der Rumänen geführt, eine grundlegende Richtungsentscheidung erfolgte jedoch erst

---

[1] Nach heutigem rumänischem Verständnis umfaßt „Transsilvanien" Siebenbürgen, das Banat, Sathmar, die Marmarosch und das Kreischgebiet, also alle bis dahin zu Ungarn gehörenden Gebiete. Im folgenden wird der Begriff in dieser Bedeutung verwendet, während mit „Siebenbürgen" weiterhin dessen historisches Territorium gemeint ist.

nach der großen rumänischen Nationalversammlung am 1. Dezember 1918 in Karlsburg. Hier wurde die Anschlußerklärung der Rumänen „Transsilvaniens"[1] an das Königreich Rumänien ausgesprochen. Zugleich wurden den „mitwohnenden Völkern" in der Karlsburger Anschlußerklärung weitgehende Minderheitenrechte zugesichert, des weiteren ein „Leitender Regierungsrat für Siebenbürgen" gebildet, der – in Abstimmung mit, jedoch noch nicht in Abhängigkeit von der Bukarester Regierung – die Regierungsgeschäfte in den von Rumänen bewohnten Teilen Ungarns übernahm. Die verantwortlichen Köpfe dieses Rates waren zumeist frühere rumänische Reichstagsabgeordnete, zum Teil mit guten Verbindungen zu Franz Ferdinand. Zu den Sachsen

Im sächsischen Städtchen Schäßburg an der Kokel.

bestanden oft enge Beziehungen, so daß diese, auf die Karlsburger Zusagen bauend, im Laufe des Dezember eine Entscheidung herbeiführten und in einer eigenen Nationalversammlung am 8. Januar 1919 den Anschluß des sächsischen Volkes an Großrumänien verkündeten. Die Sachsen versprachen sich davon eine bessere Sicherung ihrer Rechte als Minderheit: Mit kaum mehr als 200 000 Angehörigen sahen sie sich mit der Einführung des allgemeinen Wahlrechts vollends in die Defensive gedrängt. Für die Rumänen war die sächsische Anschlußerklärung bei den gerade in Paris beginnenden Friedensverhandlungen von großem Vorteil bei der Argumentation für den Anschluß der neuen Provinzen ans Regat. Demographisch fielen die Sachsen jedenfalls nicht ins Gewicht, wohl aber wirtschaftlich.

Die Siebenbürger Ungarn freilich vermochten den sächsischen Schritt nicht nachzuvollziehen. Sie gingen davon aus, daß erst die Friedenskonferenz über die künftige Landkarte entscheiden werde und sprachen sich dezidiert für den Verbleib beim Stephansreich aus. Darüber hinaus vertrauten sie auf die Anwendung des Selbstbestimmungsrechts der Völker, das während des Krieges von den Alliierten propagiert worden war. Die ethnisch-ungarischen Staatsbeamten verweigerten in der Mehrzahl den von ihnen bald geforderten Eid auf die Verfassung des Königreichs Rumänien und mußten aus ihren Ämtern weichen. Wenige Tage vorher, kurz vor der Besetzung durch rumänische Truppen, entschied sich eine Großversammlung der Siebenbürger Ungarn in Klausenburg für den Verbleib bei Ungarn. Aggressive Auseinandersetzungen zwischen den Nationalitäten fanden zu dieser Zeit in ganz Siebenbürgen auf lokaler Ebene zwar statt, blieben in ihren Auswirkungen jedoch begrenzt. Wichtig für die spätere Entwicklung wurde der Umstand, daß ein bedeutender Teil der politisch und wirtschaftlich führenden Schicht der Ungarn Siebenbürgens, vor allem der grundbesitzende Adel, nach Rumpfungarn wechselte. Diese „Optanten" gaben ihre Besitzansprüche jedoch auch nach der Enteignung durch die rumänische Bodenreform nicht auf. Der sich daraus ergebende zwischenstaatliche Streit vor dem Völkerbund sollte das ungarisch-rumänische zwischenstaatliche, aber auch das zwischenethnische Verhältnis stark belasten. Siebenbürgen war im ungarischen Selbstverständnis eines der Kernländer des alten Reiches mit eminenter historischer Bedeutung. Der Verlust dieser Provinz und ihre Beherrschung durch die sozial bis dahin stets niedrigerstehenden Rumänen lag außerhalb des Vorstellungsvermögens der allermeisten Ungarn, so daß ihre Reaktion auf den Gang der Ereignisse vielfach Ratlosigkeit und Ohnmacht waren. Die nun fehlenden Durchsetzungsmöglichkeiten und in der Folge Tatenlosigkeit sollten ihre Neuorientierung in den an Rumänien gefallenen Gebieten zu einem schwierigen Prozeß werden lassen.

Das Jahr 1919 brachte neben spürbarem materiellem Mangel vor allem Enttäuschungen und Ernüchterungen. Während die führenden rumänischen Politiker des Regierungsrats ihre Vorstellungen von einer zeitweiligen Sonderstellung der ehemals ungarischen Gebiete und einer nur allmählichen Integration ins neue Großrumänien nicht verwirklichen konnten, gewannen die Politiker des Altreichs zunehmend an Einfluß und bezogen alle neuerworbenen Nachbarprovinzen in ihre Zentralstaatskonzeption nach französischem Vorbild ein. Das Königreich Rumänien hatte sein Territorium und seine Bevölkerungszahl mit Transsilvanien, der Bukowina, Bessarabien und der Süddobrudscha nach dem Ersten Weltkrieg mehr als verdoppelt. Ein grundlegender Wandel fand dadurch in der ethnischen und demographischen Struktur statt: Während Altrumänien ein weitgehend agrarisch geprägter Nationalstaat war, waren die Neuerwerbungen Großrumäniens Vielvölkerregionen mit einem höheren Anteil an Stadtbevölkerung und einer relativ fortgeschritteneren Industrialisierung als im Regat. In Transsilvanien setzte sich die Bewohnerschaft (nach der Volkszählung von 1930) aus 57,8 % Rumänen (1910: 54 %), 24,4 % Ungarn (1910: 31,7 %), 9,8 % Deutschen (1910: 10,5 %) sowie weiteren kleineren Gruppen, darunter

Juden und Roma, zusammen. Auf ganz Rumänien gerechnet machten die ethnischen Minderheiten immerhin ein knappes Drittel aus.

Im rumänischen Nationalstaat

Die unüberwindbaren Schwierigkeiten der Altreich-Politiker beim Umgang mit der Minderheitenfrage zeigten sich bereits bei den Friedensverhandlungen 1919, als sie sich weigerten, ergänzend zu den eigentlichen Friedensverträgen die für die Nachfolgestaaten der Donaumonarchie verpflichtenden Minderheitenschutzverträge zu unterschreiben. Erst auf ein Ultimatum der Alliierten hin und nach dem Rücktritt des Bukarester Premierministers erfolgte die Unterschrift durch einen ihm im Amt nachfolgenden prominenten Siebenbürger Rumänen im Dezember 1919. Der Minderheitenschutzvertrag mit Rumänien war der einzige überhaupt, der Schutzgarantien für ethnische Kollektive, nämlich für die Szekler und Sachsen in Siebenbürgen, vorsah. Ein weiterer wichtiger Punkt war die Gewährung der Staatsbürgerschaft an die Juden des Landes, da ihnen diese im alten Rumänien bis dahin verweigert worden war. Im allgemeinen stand jedoch die Sicherung der Individualrechte im Vordergrund. Die völkerrechtlich verbindliche Abtretung Siebenbürgens an Rumänien erfolgte erst durch den Friedensvertrag mit Ungarn im Juni 1920 in Trianon. In der Zwischenzeit hatten im November 1919 bereits die ersten Wahlen zur Konstituante auf dem erweiterten Staatsgebiet stattgefunden, an denen sich die Sachsen mit Erfolg beteiligten, nicht aber die Ungarn. Diese wählten, den Rumänen in Siebenbürgen nach 1867 vergleichbar, zunächst die politische Passivität. Der Leitende Regierungsrat für Siebenbürgen beendete seine Tätigkeit im Frühjahr 1920 und gab seine Kompetenzen an die rumänischen Zentralbehörden ab. Die erste Stufe der verwaltungsmäßigen Integration der neuen Provinzen war damit abgeschlossen, die Idee einer Übergangsautonomie endgültig vom Tisch, gleichwohl

Rechtsnormen der Vorgängerstaaten teilweise während der ganzen Zwischenkriegszeit weiterbestanden.

Die Gewohnheiten der Bukarester Politiker bedeuteten für alle Siebenbürger, gleich welcher nationalen Zugehörigkeit, eine schwierige Umstellung: Die Politik orientierte sich nicht an Programmen, sondern an Führungspersonen, Klientel- und Vetternwirtschaft waren weit verbreitet, die Korruption und das „Bakschisch"-(Schmiergeld-)Wesen nahmen auch im politischen Leben eine zentrale Rolle ein. Die Erarbeitung einer neuen Staatsverfassung kam nur langsam voran. Dringlicher war die Durchführung einer Agrarreform, die den Bauern des Regats während des Krieges versprochen und die für Transsilvanien bereits vom Leitenden Regierungsrat vorbereitet worden war. Da der Grundbesitz gerade in den neuen Provinzen zwischen den Ethnien ungleich verteilt war und die Rumänen den verhältnismäßig geringsten Anteil hatten, konnte es nicht ausbleiben, daß die Durchführung der Reform den Eindruck einer Benachteiligung der Minderheiten erweckte. Im Falle der Ungarn und Sachsen in Siebenbürgen wurden – sieht man vom Großgrundbesitz des Adels ab – weniger die Bauern getroffen, die fast nur über Klein- und Mittelbesitz verfügten, als vielmehr die kulturellen Institutionen. So trugen etwa die Sächsische Nationsuniversität, die als Stiftung ein verbliebenes Restvermögen verwaltete, sowie die katholische Kirche und die reformierte Kirche wesentliche Teile des konfessionellen Minderheitenschulwesens sowie Sozial- und Kultureinrichtungen; hierfür wurden ihnen durch die Enteignung von bis zu 85 % des Besitzes durch die Bodenreform während der Jahre 1921-1924 die Grundlagen entzogen, so daß zwangsläufig weitreichende Krisenerscheinungen im kulturellen und sozialen Leben der Minderheiten folgten und deren innere Ablehnung des neuen Staates mit begründeten.

Hinzu kam, daß die Zusagen der Karlsburger Beschlüsse von 1918 an die nichtrumänischen Bewohner des Landes nicht verwirklicht wurden. Die 1923 schließlich verabschiedete Verfassung kannte nur einen „einheitlichen und unteilbaren rumänischen Nationalstaat" und nur Individualrechte. Kollektivrechte, um die Deutsche und Ungarn gleichermaßen stritten, waren nicht vorgesehen, die Bestimmungen des Minderheitenschutzvertrags fanden desgleichen keinen Eingang in die Verfassung. Die der orthodoxen Kirche in der Verfassung eingeräumte Sonderstellung deutete auf die künftige kulturelle Orientierung der Staatspolitik hin. Für die Bewohner Siebenbürgens brachte der Anschluß an Rumänien auch in wirtschaftlicher Hinsicht meist Enttäuschungen: Hatte man sich anfangs noch die Hoffnung gemacht, daß Siebenbürgen im Gegensatz zur früheren Randlage künftig als zentrale Region Großrumäniens hiervon würde profitieren können, sah man nun Bukarester Förderungen eher dem Altreich zukommen. Es bestand die Tendenz einer Nivellierung nach unten, auf die Ebene des wirtschaftlich und sozial weit weniger entwickelten Regats, somit auf eine allgemeine Vereinheitlichung des Staates abzielend und regionale Besonderheiten negierend. Als neues gesellschaftliches Problem entstand in dieser Zeit die Arbeiterfrage, in Siebenbürgen und dem Banat wegen des höheren Industrialisierungsgrads etwas deutlicher präsent als in anderen Landesteilen. Die Arbeiterbewegung und die Sozialdemokraten waren verhältnismäßig schwach entwickelt, die Anliegen der Arbeiterschaft blieben lange ungehört und ungelöst.

Während in Bukarest die sogenannten Liberalen, eine von der Grundbesitzerfamilie Brătianu dominierte national-konservative Partei, die auf die Anfänge der Staatsgründung in der zweiten Hälfte des 19. Jahrhunderts zurückging, das Ruder fest in der Hand hielten, blieb die Nationalpartei in Siebenbürgen und den anderen westlichen Provinzen das dominante und populäre politische Forum der Rumänen. Nachdem sie sich 1926 mit der Kleinlandwirtepartei des Altreichs vereinigte, wurden die „Nationalzaranisten", wie sie jetzt hießen, die zweitstärkste politische Kraft des Landes – mit der Hoffnung, einen Wechsel in Bukarest herbeiführen und die Politik offener, mitteleuropäischer gestalten zu können. Die „liberale" Wirtschaftspolitik war bis dahin gekennzeichnet durch restriktive Bestimmungen gegen ausländische Investitionen, bestimmt durch die Vorgabe, den Aufbau der Wirtschaft „aus eigener Kraft" zu vollbringen. Die Außenpolitik orientierte sich verbissen an der Wahrung und Legitimierung des vergrößerten Staatsterritoriums. Zusammen mit der Tschechoslowakei und mit Jugoslawien verband sich Rumänien, von Frankreich gefördert, in der Kleinen Entente gegen Ungarn, das die Revision von „Trianon" offen als politisches Ziel formulierte. Die Sowjetunion und Bulgarien erkannten ihre Gebietsverluste an Rumänien ebenfalls nicht an. Der Völkerbund in Genf war für Rumänien ein weiteres Forum, seine Interessen zu wahren und gegen Minderheitenbeschwerden aufzutreten. Der Drang, die Legitimität des Besitzes Transsilvaniens – über das Argument der demographischen Verhältnisse hinaus – nachzuweisen, entwickelte sich zu einer Neurose der rumänischen Innen- und Außenpolitik: Behörden und Redaktionen, Wissenschaftler und ganze Institute waren damit beschäftigt, das „historische Recht" der Rumänen auf diese Länder zu belegen und dem Volk wie auch dem Ausland gegenüber propagandistisch zu präsentieren. Von ungarischer Seite wurde mit der Infragestellung der rumänischen Kontinuität und der Anprangerung der Verletzung der Minderheitenrechte nicht weniger vehement gekontert, so daß die sogenannte „Siebenbürgische Frage" ein während der Zwischenkriegszeit allmählich kulminierendes Dauerproblem blieb.

Das parlamentarische Leben Rumäniens, einer konstitutionellen Monarchie mit einem Zwei-Kammern-Parlament, war während der zwanziger und dreißiger Jahre weit von seinen westlichen Vorbildern entfernt: So konnte davon ausgegangen werden, daß die Partei, die vom König mit der Bildung einer neuen Regierung und der Ausschreibung von Neuwahlen beauftragt wurde, diese mit jeweils eigenen Mitteln auch zuverlässig gewann; sodann konnte jene Partei, die mindestens

40 % der Wählerstimmen erhielt, vom sogenannten „Wahlbonus" profitieren, der in der Hälfte der Parlamentssitze bestand, zu denen der verhältnismäßige Anteil der verbliebenen Hälfte aufgrund des Wahlergebnisses kam. Die siegreiche Partei brauchte ihre Gegner also im Parlament kaum zu fürchten. Schließlich wechselte eine neue Regierung häufig einen Großteil der führenden Beamten des ganzen Landes aus oder setzte auf bevorzugte eigene wirtschaftliche Großprojekte, was die Kontinuität fruchtbaren Arbeitens in keiner Weise förderte. Von Nachteil war desgleichen der außerordentlich häufige Regierungswechsel: So gab es – die vielfachen Umbildungen nicht mitgerechnet – zwischen 1919 und 1940 über dreißig verschiedene Kabinette.

In diesem System fanden die Sachsen Möglichkeiten, durch pragmatisches politisches Verhalten zumindest einen Teil ihrer Interessen einzubringen. Aufgrund ihrer bewährten Organisationsstrukturen und ihrer politischen Erfahrung fiel ihnen die Führung innerhalb der sich im neuen Großrumänien zusammenfindenden deutschen Siedlungsgruppen (mit zusammen über 700 000 Angehörigen) zu. So schlossen die Parlamentsvertreter der Deutschen Wahlpakte mit der jeweils als Favorit geltenden Partei und ließen sich für deren Unterstützung – die „Wahldisziplin" der Deutschen galt als vorbildlich – bestimmte Förderungen, mildere Auslegungen von nachteiligen Bestimmungen sowie Parlamentssitze zusichern. Die innerdeutsche Kooperation hörte hier aufgrund der großen, historisch und konfessionell bedingten Unterschiede zwischen den Siedlungsgruppen in der Regel auch auf.

Zur Zusammenarbeit zwischen den ethnischen Minderheiten, die angesichts deren hohen Bevölkerungsanteils naheliegend gewesen wäre, kam es nur selten. Seit 1921 nahmen auch die Ungarn aktiv am politischen Leben Rumäniens teil, nachdem eine Änderung der machtpolitischen Konstellation nach Trianon mittelfristig unrealistisch schien. Verschiedene politische Strömungen mündeten 1922 in die

"Ungarische Partei", getragen vom Mittelstand und der Aristokratie und unterstützt von Budapest. Diese Partei nahm künftig mit eigenen Listen oder im Bündnis mit rumänischen Parteien an den Parlamentswahlen teil. Ein einziges Mal, 1927, kam es zu einem Wahlbündnis zwischen Ungarn und Deutschen, zum sogenannten Minderheitenblock, da die Deutschen ansonsten wegen der tendentiell antiungarischen, nicht jedoch antideutschen Bukarester Politik vor zu engen Kontakten mit der ungarischen Minderheit zurückschreckten. Die Ziele der Politik der Ungarn Rumäniens, innerhalb derer auch in diesem Falle die Leitung den Siebenbürgern zufiel, waren langfristig die Sicherung regionaler, institutioneller und ethnischer Autonomien, kurzfristig die Gleichbehandlung und die Abwendung diskriminatorischer Maßnahmen in den Bereichen der Wirtschaft, der Verwaltung, des Kultur- und Bildungswesens.

Ein begrenzter ungarisch-deutscher Austausch fand im kulturell-intellektuellen Bereich statt. Unter den Ungarn Siebenbürgens gewann die Idee des "Transsilvanismus", eine die regional-kulturelle Eigenständigkeit Siebenbürgens betonende Strömung, zunehmend Anhänger. So wurden Konzepte für eine Föderalisierung des Landes und für eine "siebenbürgische Schweiz" entwickelt. Angesichts der weitreichenden Einschnitte der rumänischen Behörden etwa ins hochentwickelte ungarische Bildungswesen und der fortwährenden Schikanen, denen sich vor allem kulturelle Institutionen und Vereine ausgesetzt sahen, setzte auch hier eine Defensivhaltung gegenüber rumänischer Einflußnahme und eine starke Besinnung auf eigene traditionelle Werte ein. Die staatlich gelenkte und sehr erfolgreiche Siedlungspolitik zielte in erster Linie auf die Erhöhung des rumänischen Bevölkerungsanteils in mehrheitlich ungarischen Gegenden in Siebenbürgen und dem Westen des Landes. Darüber hinaus war auch die deutsche Minderheit bemüht, bereits magyarisierte deutsche Siedlungsinseln – etwa um Sathmar – zu "regermanisieren", was von staatlicher Seite wegen der dadurch erreichten Reduzierung des ungarischen Elements nicht ungern gesehen wurde.

Der Bukarester Regierungswechsel zu den von den Siebenbürger Rumänen geführten Nationalzaranisten 1928 brachte nicht den erhofften Wandel: Die festgefahrenen Strukturen einerseits, die Folgen der kurz nachher einsetzenden Weltwirtschaftskrise andererseits vereitelten notwendige politische, soziale und wirtschaftliche Reformen. Durch die Aufhebung des für Transsilvanien seit Kriegsende noch immer geltenden Ausnahmezustands unmittelbar nach der Übernahme der Regierung setzte diese Partei ein Zeichen. Der 1930 zur Regentschaft gelangte König Carol II. neigte zu eigenwilligen, autoritären Entscheidungen und strebte ein System persönlicher Diktatur an. Ein von ihm 1931 eingesetztes Fachmännerkabinett vermochte die Wirtschafts- und Finanzmisere des Landes nicht in den Griff zu bekommen. Ebensowenig gelang es dem von dieser Regierung geschaffenen Unterstaatssekretariat für Minderheitenfragen, das unter der Leitung eines Siebenbürger Sachsen stand, ein schon lange angestrebtes Minderheitenstatut zu Wege zu bringen. Im übrigen galt das Augenmerk der in der Folgezeit immer wieder von neuem geschaffenen Minderheitenämter der Bündelung und der Abwehr der Minderheitenanliegen, nicht deren Lösung, sowie der außenpolitischen Wirkung.

Politische Radikalisierung

Die ob der politischen Unmoral, der allgemein verbreiteten Korruption und der Vernachlässigung sozialer Probleme parallel zu den faschistischen Strömungen in West- und Mitteleuropa auch in Rumänien festzustellende Radikalisierung fand ihren sichtbaren Ausdruck ab Beginn der dreißiger Jahre im Wirken der „Legion des Erzengels Michael", auch „Eiserne Garde" genannt. Auf mystischen rumänischen Volkstums- und Religionsvorstellungen fußend, trat sie für eine "saubere" nationale Politik mit deutlich antisemitischen Tendenzen ein. Ihre Anhängerschaft konzentrierte sich im wesentlichen auf das Altreich. In den multiethnischen Regionen mochte das Verhältnis zwischen den verschiedenen nationalen Gruppen mitunter gespannt sein, neigte jedoch nur in seltenen Fällen zum Radikalen. So wurden auch die Juden in den siebenbürgischen Städten zunächst nicht verdrängt, wenngleich die jeweils eigenen Lebensbereiche streng voneinander getrennt blieben.

Die 1938 begründete Königsdiktatur Carols II. war ein Ausdruck des Demokratieüberdrusses, da Parlament und Parteien keines der Probleme der Zeit in den Griff bekamen: Zerrüttung der Staatsfinanzen bis hin zu wiederholter Zahlungsunfähigkeit, Inflation, Arbeitslosigkeit und soziale Unrast waren die Kennzeichen. Zeitgleich zur Zurückdrängung der faschistischen Bewegungen erfolgte eine Annäherung Rumäniens an Hitler-Deutschland, das dem südosteuropäischen Land eine wichtige Rolle im Rahmen der deutschen Wirtschaftspolitik zudachte. Nachdem sich Carols II. Balanceakt zur Wahrung der Unabhängigkeit und Integrität Rumäniens als Illusion erwies und er zunächst der Abtretung Bessarabiens und der Nordbukowina an die Sowjetunion, schließlich auch Nordsiebenbür-

Sägemühlen in den "Drei Stühlen" im Szeklerland.

gens an Ungarn zuzustimmen gezwungen war, verlor er jede Basis und mußte 1940 weichen.

In Rumänien etablierte sich daraufhin eine Militärdiktatur unter Marschall Ion Antonescu, anfangs noch unter Beteiligung der „Eisernen Garde". Die Anbindung an Deutschland war außerordentlich eng. Seit Ende 1940 standen deutsche Lehrtruppen im Land, die deutsche Minderheit erhielt erstmals einen kollektiven Sonderstatus. Die Beteiligung Rumäniens am Überfall auf die Sowjetunion 1941 lag im Sinne rumänischer Revisionspolitik. Teil des politischen Programms von Antonescus Diktatur war der Antisemitismus, wenngleich primär sozial und kulturell und nur bedingt rassisch begründet. Während es in Südsiebenbürgen bei der Ausgrenzung der Juden blieb, fanden in anderen Teilen des Landes, etwa in der Bukowina oder in Transnistrien, Pogrome statt. In Nordsiebenbürgen wie auch in anderen Teilen Ungarns, das ebenfalls zu einem Satelliten Hitlers wurde, fanden gegen Ende des Krieges Verfolgungen und Deportationen von Juden statt, die meist mit der Vernichtung in deutschen Konzentrationslagern endeten.

Unter den Ungarn Siebenbürgens nahmen – wie auch in Ungarn selbst – während der dreißiger Jahre die Revisionsansprüche mit der sich steigernden Unzufriedenheit über die innenpolitischen Verhältnisse deutlich zu, gleichwohl sich deren Mehrheit allmählich mit der Zugehörigkeit zu Rumänien abfand und auch eine konstruktive Haltung dem Staat gegenüber einzunehmen begann. Dennoch war es keine Frage, daß sie die 1940 von den Achsenmächten Deutschland und Italien im zweiten Wiener Schiedsspruch (oder besser „Diktat", wie es in fast allen anderen Sprachen heißt) erzwungene Abtretung Nordsiebenbürgens und des Szeklerlandes an Ungarn begrüßten. Die meist geschlossenen ungarischen Siedlungsgebiete, zwischen denen jedoch auch zahlreiche Rumänen (im Norden ebenfalls geschlossen) und die Nordsiebenbürger Sachsen lebten, blieben bis nach Kriegsende Teil Ungarns. Dieser Umstand nährte den ungarisch-rumänischen

Antagonismus, da sich die den Ungarn Revanchismus vorwerfenden Rumänen in ihrer ablehnend-skeptischen Haltung bestätigt sahen.

In Siebenbürgen war politische Radikalisierung wohl am deutlichsten bei den Deutschen festzustellen. Die seit den 1870er Jahren dominant gewordene Orientierung und Anlehnung der Sachsen an Deutschland erfuhr durch die vielfachen Enttäuschungen im neuen Staat sowie durch innere Differenzen aufgrund sozialen Wandels eine weitere Verstärkung. Die völkischen Strömungen der zwanziger Jahre erhielten nach 1930 einen eindeutig nationalsozialistischen Schwerpunkt, der die hitlersche NS-Ideologie auf sächsische Traditionen übertrug und sich 1933 endgültig durchsetzte. Der sich auf die gesamten Deutschen Rumäniens ausweitende Streit innerhalb der Nationalsozialisten über die einzuschlagende Richtung, gegen den die um Ausgleich bemühten deutschen Vertreter im Bukarester Parlament nichts auszurichten vermochten und den Rumänen wie Ungarn und Juden mit Befremden zur Kenntnis nahmen, wurde erst durch direktes Eingreifen des Deutschen Reiches Ende der dreißiger Jahre entschieden. Das Ergebnis war die während der Jahre 1940 bis 1944 von Berlin aus vollkommen gleichgeschaltete und ferngesteuerte „Deutsche Volksgruppe in Rumänien". Im Rahmen deutsch-rumänischer Abkommen erfolgte ab 1943 schließlich die Einreihung der waffenfähigen Männer der deutschen Minderheit in die kämpfende Truppe der Waffen-SS und nicht in rumänische Einheiten.

Zur Zeit des kommunistischen Regimes

Die rumänische Militärdiktatur fand mit dem durch König Michael I. am 23. August 1944 vollzogenen Seitenwechsel zu den Alliierten ein Ende. Dem Rückzug der deutschen Wehrmachtsangehörigen folgte noch im Laufe des Herbstes die Besetzung des Landes durch sowjetische Truppen, die sehr bald auch die damalige innersiebenbürgische

Grenze zu Ungarn überschritten. Der Krieg selbst war damit im Herbst 1944 in Rumänien und Siebenbürgen beendet, mit der schon Anfang 1945 folgenden Machtergreifung der Kommunisten begann jedoch eine mehrjährige Verfolgung der bis dahin führenden gesellschaftlichen Schichten. Die bürgerlichen Politiker der Zwischenkriegszeit, die ihre Parteien zu reorganisieren versuchten, wurden nach und nach genauso zu Gefangenen des neuen Regimes wie kleine Funktionäre, Vertreter der Wirtschaft oder Intellektuelle, selbst wenn diese Gegner der rechten Diktatur waren. Das Land, das mit einem König als Oberhaupt und einer kommunistischen Regierung eine paradoxe Erscheinung war, wurde binnen kurzer Zeit von der Außenwelt abgeschottet. Nordsiebenbürgen wurde Rumänien durch die Besetzung 1945 wieder einverleibt, wenngleich die völkerrechtliche Bestätigung erst durch den Pariser Friedensvertrag 1947 erfolgte.

Mit Beginn der kommunistischen Herrschaft wird es immer schwieriger, spezifische regionale Entwicklungen auszumachen: einerseits wegen diktatorisch umgesetzter uniformistischer Politik und der Unterbindung von Sonderentwicklungen, andererseits, weil zu dieser Fragestellung verwertbare Forschungen bislang weitgehend fehlen. Besonderheiten lassen sich dennoch aufgrund der unterschiedlichen ethnischen Zusammensetzung der Bewohnerschaft sowie der unterschiedlichen historisch-kulturellen und kirchlichen Prägungen feststellen. Die Qualität der Beziehungen zwischen den Nationalitäten und der Staatsnation war künftig durch die sozialistische Ideologie genauso vorgegeben wie jene zwischen den „Bruderländern" Rumänien und Ungarn. Historische Differenzen wurden geflissentlich verdrängt und negiert.

Als kollektiv schuldig galten unmittelbar nach Kriegsende nur die Deutschen. Während die zu Ungarn gehörigen Nordsiebenbürger Sachsen vor den heranrückenden Sowjettruppen in Trecks Richtung Westen flüchteten, verblieben die Südsiebenbürger Sachsen an ihren

Heimatorten. Das Schicksal der Vertreibung blieb ihnen erspart, doch gehörten sie zu den ersten, die enteignet und ihrer bürgerlichen Rechte zumindest zeitweilig beraubt wurden. Hinzu kam die Deportation der arbeitsfähigen Deutschen zu Zwangsarbeiten in die Sowjetunion Anfang 1945. Als Institution verblieb den Siebenbürger Sachsen lediglich die lutherische Kirche, die sich unter einem neuen Bischof mit dem Regime zwar arrangieren mußte, sich gleichzeitig aber im Rahmen ihrer Möglichkeiten für die deutsche Minderheit einsetzte. Ein streng reglementiertes kulturelles Leben setzte für sie sehr allmählich ab Beginn der fünfziger Jahre ein. Einen fundamentalen Einschnitt bedeutete gerade für die Sachsen die Kappung der Verbindung und des Austauschs mit dem Westen, zumal mit Deutschland – seit dem Mittelalter eine der wichtigsten Voraussetzungen ihres kulturellen und gesellschaftlichen Lebens. Hinzu kam der restlose Verlust eines Schlüsselmoments des eigenen Selbstverständnisses, nämlich der eigenen ökonomischen Grundlagen, der Entwurzelung und Beziehungslosigkeit zum Staat, in dem man lebte, zur Folge hatte.

Teile der ungarische Minderheit hingegen konnten nach dem Krieg, relativ gesehen, einige Verbesserungen ihrer Lage erreichen, da zum einen der kommunistische Premier ein gutes Auskommen mit ihr anstrebte, andererseits mehrere Ungarn in der Führungsriege der Kommunisten saßen. Es sei jedoch festgehalten, daß keine allgemeine Affinität zum neuen Regime bestand, vielmehr führte der vor dem Krieg verhältnismäßig große Anteil der Nationalitäten in der Arbeiterbewegung zu deren späterem Einfluß. Bereits Anfang 1945 wurde eine ungarischsprachige Universität in Klausenburg gegründet, ab 1947 erschien in Bukarest eine ungarische Tageszeitung, 1948 eröffnete die Klausenburger ungarische Oper. Im Sinne kommunistischer Verbrüderungsideologie kam es im gleichen Jahr zu einem rumänisch-ungarischen Freundschaftsvertrag, der bestehende Animositäten verdecken und vielleicht auch abbauen sollte. Zur Einrichtung einer „Autonomen

Ungarischen Region", hauptsächlich das Szeklerland im mittleren und östlichen Teil Siebenbürgens mit dem Vorort Neumarkt am Mieresch umfassend, bedurfte es 1952 jedoch sowjetischen Drucks. Zwar war dieses Gebiet nur mit wenigen autonomen Rechten ausgestattet, doch bot es zumindest einen bescheidenen Rahmen für ein eigenständiges kulturelles Leben eines Teiles der Siebenbürger Ungarn. Diese Möglichkeiten wurden ab 1956, als es während der Revolution in Ungarn auch in Rumänien gerade unter den Ungarn zu Sympathiekundgebungen kam, zunehmend eingeengt. Ein deutliches Zeichen dafür war die Zusammenlegung der rumänisch- und ungarischsprachigen Universitäten in Klausenburg 1959 und die Reorganisation der Autonomen Ungarischen Region 1960 zuungunsten des ungarischen Ethnikums. Die endgültige Auflösung erfolgte im Rahmen der allgemeinen Verwaltunsgreform 1968.

1948, im Jahr nach der erzwungenen Abdankung König Michaels I. und der Ausrufung der Volksrepublik, begann in Rumänien eine Intensivierung der Verfolgung von Religion und Kirche. Die in Siebenbürgen beheimatete griechisch-katholische Kirche wurde aufgelöst, ihr Vermögen großteils der orthodoxen Kirche übergeben, dadurch für die Rumänen eine landeseinheitliche Kirchenorganisation mit nach Bukarest führenden Zentralstrukturen erreichend. Darüber hinaus trafen diese Maßnahmen die nationalen Minderheiten im Besonderen, da etwa durch die Enteignung des konfessionellen Schulwesens eine der wichtigsten Stützen ihrer kulturellen Tätigkeit entfiel. Gleichzeitig wurde der Unterricht einheitlich nach ideologischen Vorgaben umgestaltet. Die orthodoxe Kirche begann hingegen auch unter dem kommunistischen Regime allmählich die Rolle einer Staatskirche einzunehmen: Zwar wurde ihre Sonderstellung in der neuen Verfassung von 1948 entfernt, als die Kirche der Staatsnation wurde sie jedoch nicht nur geduldet, sondern sie ließ sich auch für staatliche, später nationalistische Propaganda mißbrauchen und kooperierte mit der Nomenklatura, nicht zuletzt, weil sie von der gewaltsamen Auflösung der griechischkatholischen Kirche nach sowjetischem Modell profitierte. Geistliche und engagierte Christen der Kirchen ethnischer Minderheiten sowie der Unierten waren gerade wegen ihrer Verbindungen zum Ausland, teilweise über den „Eisernen Vorhang" hinaus, als „staatsgefährdend" wiederholten Verfolgungswellen ausgesetzt. Der stalinistische Terror erfaßte bis zum Beginn der sechziger Jahre in mehreren Wellen alle geistigen Eliten des Landes, eliminierte und zermürbte oder zwang sie zur Emigration.

Der häufig zitierte rumänische „Sonderweg" innerhalb des kommunistischen Lagers begann bereits während der fünfziger Jahre. Deutlich sichtbare Zeichen waren dabei die nicht durchgeführte Entstalinisierung nach 1956 sowie der Abzug sowjetischer Truppen aus Rumänien 1958. Gerade gegenüber dem Westen wurde die Unabhängigkeit von der Sowjetunion, wenn nicht gar Distanz zu ihr demonstriert. Ein Sonderweg zeichnete sich in Rumänien auch im Hinblick auf die Entwicklung einer eigenen nationalen Ideologie ab. Während unter sowjetischem Einfluß die Betonung des Slavischen in der rumänischen Geschichte und Kultur dominierte, setzte unter dem kommunistischen Parteichef Gheorghe Gheorghiu Dej Ende der fünfziger Jahre ein nationalrumänischer Kurs ein, der auf der dakoromanischen Kontinuitätstheorie aufbaute und diese schließlich zum Dogma erhob. Dabei kam es zu einer eigentümlichen Verquickung stalinistisch-autoritärer Strukturen und nationalistischer Ideologien, für deren historische Begründung und propagandistische Verbreitung Wissenschaft, Medien und Bildungswesen uneingeschränkt zur Verfügung zu stehen hatten.

Der Assimilationsdruck auf die gesamte Bevölkerung nahm während der sechziger Jahre weiter zu, sowohl in ethnischer wie in sozialer Hinsicht. Die auch aus anderen Volksrepubliken her bekannte Förderung der Jugend „gesunder Herkunft", also aus dem Arbeiter- und Bauernstand stammend, und die Zurückdrängung des bürgerlichen

Die Klamm bei Thorenburg im Siebenbürgischen Westgebirge.

Nachwuchses führte zu einer allmählichen Nivellierung. In diesen Zusammenhang gehört auch die Intensivierung der schon in der Zwischenkriegszeit betriebenen gezielten Ansiedlung von Rumänen aus den Altreich-Provinzen in den Minderheitensiedlungsgebieten. Durch staatlich gelenkte Zuweisung wurden Angehörige von Minderheiten nach ihrer Ausbildung bewußt in andere Landesteile geschickt. Restriktionen im Bildungswesen und im Kulturbereich nahmen abermals zu. Versuche der freien Meinungsäußerung wurden weitaus brutaler unterdrückt als in den meisten Nachbarländern, dies nicht zuletzt mit Hilfe eines die gesamte Gesellschaft tentakelartig umfassenden geheimdienstlichen Spitzelapparates.

Trotz der von offizieller Seite nach außen hin zur Schau getragenen Eintracht zwischen den Ethnien des Landes setzte in dieser Zeit ein allmählicher Auflösungsprozeß der kleinen Minderheiten ein. Die Juden, deren Zahl durch Verfolgung, Flucht und Emigration während des Zweiten Weltkriegs und unmittelbar danach stark zurückgegangen war, drangen weiter zur Auswanderung vor allem nach Israel. Durch die Erschwerung dieses Wunsches konnte der Kopfpreis für die Ablösung, die der Staat Israel leistete, hinaufgeschraubt werden. In den siebziger Jahren hatten die meisten Juden Rumänien bereits verlassen. Ein ähnliches Modell wurde später auch für die Deutschen des Landes angewandt. Deren landsmannschaftliche Vertretungen in Deutschland drängten die bundesdeutschen Regierungen seit den fünfziger Jahren, die sogenannte Familienzusammenführung zu fördern und sich in Bukarest für Ausreisemöglichkeiten einzusetzen, damit den Wünschen der Betroffenen selbst nachkommend. Blieb es während der fünfziger und sechziger Jahren auch nur bei Einzelfällen, so nahm die Aussiedlung ab Ende der Sechziger doch allmählich zu und konnte in einem bundesdeutsch-rumänischen Abkommen 1978 auf dem Stand von jährlich etwa 10 000 bis 11 000 Personen, verbunden mit sogenannten Entschädigungszahlungen, kontingentiert werden. Der zunächst nur latent vorhandene Drang

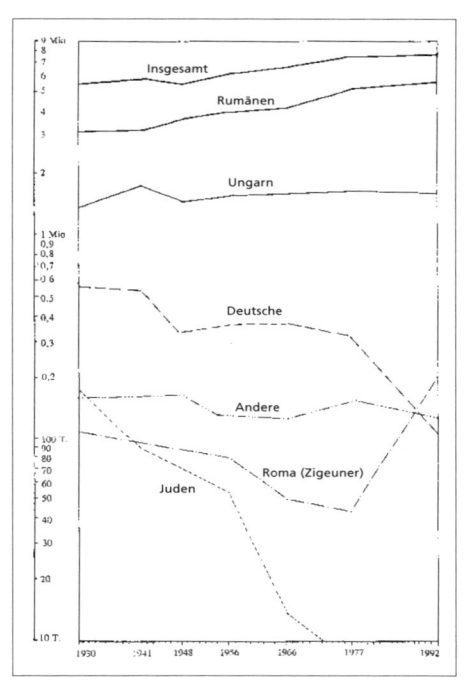

Einwohner Transsilvaniens 1930-1992 nach Nationalitäten (einfacher logarithmischer Maßstab).
Quelle: Ernst Wagner: Ethnische und religiöse Minderheiten in Transsilvanien nach der rumänischen Volkszählung vom Jahre 1992. In: ZfSL 18 (1995), 53.

zur Aussiedlung schwoll mit der Zunahme der Zahl jener, die das Land bereits verlassen hatten, weiter an. In der Konsequenz der Entwicklung eines ausgeprägten deutschen Bewußtseins, aufgrund politischer Abneigung, aber auch wirtschaftlicher Überlegungen richteten sich die Blicke dabei ausschließlich auf den Westen Deutschlands. Weitere kleine Minderheiten wie etwa die Armenier, die noch während der Zwischenkriegszeit wie selbstverständlich zum Bild Siebenbürgens gehörten, emigrierten oder wurden assimiliert. Kleine Restgruppen lebten zurückgezogen, als Unterscheidungskriterium zu ihrer Umwelt nurmehr die spezifische Konfession beibehaltend. Eine Bevölkerungsgruppe, die nach dem Zweiten Weltkrieg immer stärker in den Vordergrund trat, waren die Roma. Als sozial stark Benachteiligte wurden ihnen unmittelbar nach dem Krieg vorübergehend Entwicklungsmöglichkeiten geboten, etwa durch die Bodenreform Landbesitz übereignet. Die gesellschaftliche Ablehnung und die großen kulturellen Unterschiede zu ihrer Umgebung ließen sie jedoch schnell wieder zu Gemiedenen und Nichtintegrierbaren werden. Ihre außerordentliche zahlenmäßige

Zunahme wirkte überdies auf die restliche Bevölkerung wie auf die staatlichen Organe beängstigend. Erst Ceaușescu erkannte die Möglichkeit, durch die Vereinnahmung der Roma den demographischen Anteil des rumänischen Ethnikums, dem sie in Rumänien im allgemeinen sprachlich und konfessionell am nächsten stehen, nicht unwesentlich zu erhöhen. Wiederholte, teils mit Gewaltanwendung verbundene Integrationsversuche schlugen fehl, eine Förderung ihrer kulturellen Eigenart kam nicht in Betracht. Gleichzeitig entwickelte der Staat Methoden, durch die Aufsplitterung der größeren Ethnien etwa bei Volkszählungen deren Gesamtzahl nach außen hin zu drücken: So konnte beispielsweise zwischen den Angaben Ungar oder Szekler, Deutscher oder Sachse gewählt werden, wodurch sich die Größen der Hauptgruppen reduzierten. Ein interessantes Beispiel für rumänische Nationalitätenpolitik ist der Umgang mit den Tschangos, im späten Mittelalter und der frühen Neuzeit aus Siebenbürgen in die Moldau ausgewanderter, überwiegend katholischer Szekler und Ungarn, die bis heute archaische Lebensformen und ein Eigenbewußtsein bewahrt haben. Deren Rumänisierung wurde unter Umkehrung historischer Kausalitäten planmäßig betrieben, wobei sich die katholische Kirche der Moldau gerne instrumentalisieren ließ.

Nicolae Ceaușescu, der 1965 Generalsekretär der kommunistischen Staatspartei wurde und in den kommenden Jahren alle entscheidenden Staatsämter bis hin zum neugeschaffenen Präsidenten der Republik auf sich vereinigte, intensivierte das für den Westen inszenierte Täuschungsmanöver der rumänischen Abweichung. Die Eliminierung der Autonomen Ungarischen Region durch die Verwaltungsreform wurde schon bald nach Ceaușescus Kritik an der Niederschlagung des „Prager Frühlings" und der Nichtbeteiligung Rumäniens am Einmarsch in der Tschechoslowakei vergessen. Eine den Moskauer Direktiven scheinbar zuwiderlaufende Außenpolitik, eine gewisse wirtschaftliche Öffnung, die Aufnahme diplomatischer Beziehugen zur Bundesrepublik Deutschland als erster Ostblock-Staat und ein zeitweiliges Entgegenkommen gegenüber intellektuellen Strömungen und Minderheiten – etwa im Bereich der Kulturförderung oder durch die Einrichtung der „Räte der Werktätigen" der verschiedenen ethnischen Gruppen als deren Alibi-Wortführer 1968 – brachte Rumänien bis zur Mitte der siebziger Jahre den Ruf eines nach mehr Unabhängigkeit von der Sowjetunion strebenden Landes, das der Westen zu unterstützen trachtete. Dieser blieb jedoch während der folgenden zwei Jahrzehnte blind für die Vorgänge im Innern Rumäniens. Die Erneuerung des rumänischungarischen Freundschaftsvertrags 1972 und die staatlich verordnete Verbrüderung der Nationalitäten mit dem Staatsvolk konnten diese Tendenz nur verstärken.

Nach dem Jahr 1971, als die sogenannte „Kleine Kulturrevolution" einsetzte, wurden von neuem Maßnahmen ergriffen, die die Freizügigkeit, die freie Meinungsäußerung und die Minderheiten einschränkten. So wurden die Möglichkeiten der Einrichtung von Schulklassen in den Muttersprachen der Minderheiten reduziert, der Unterricht in rumänischer Sprache forciert, der Gebrauch der nichtrumänischen Ortsnamenformen schlagartig verboten, Besuchs- und Reisemöglichkeiten ins und aus dem Ausland eingeschränkt, unter der Vorgabe des Schutzes des nationalen Kulturguts zahlreiche im Besitz der Kirchen oder von Privatpersonen befindliche Kulturgüter konfisziert etc. Die letztgenannten Verfügungen trafen die ethnischen und religiösen Minderheiten härter als die Mehrheitsbevölkerung, da sie auf den Austausch mit dem Ausland angewiesen waren und ihnen wesentliche Teile ihrer eigenen, oft identitätsstiftenden Kulturgüter entzogen wurden, wobei der symbolische den reellen Wert vielfach überstieg.

Das Selbstverständnis des rumänischen Ethnikums in den westlichen Provinzen wie Siebenbürgen wandelte sich und stand immer stärker unter dem Einfluß der staatlich propagierten nationalrumänischen Ideologie. So kamen die Kenntnisse um und damit auch das Verständnis für historisch gewachsene Besonderheiten immer mehr abhanden und wurden ersetzt durch den Glauben an eine ununterbrochene dako-romanische Siedlung gerade auf dem Boden Siebenbürgens, das immer wieder von fremden Völkern erobert und unterdrückt worden sei. Die Geschichtsinterpretation ging dabei – von der Forschung an den Universitäten bis hin zu den Schulbüchern – von den „drei rumänischen Ländern" (gemeint sind die Walachei, die Moldau und Transsilvanien) aus, konstruierte eine möglichst einheitliche Geschichte des gesamten Territoriums des heutigen Rumänien und minimierte, verschwieg oder entstellte die politische Geschichte Siebenbürgens. Sie wurde gewissermaßen zum Anhängsel der Fürstentümer im Süden und Osten, deren historischen Größen gesamtrumänische Bedeutung zugesprochen wurde.

Ergänzend kam die Belebung rumänisch-bäuerlicher Volkskultur hinzu, die das nationale Bewußtsein nun verstärkt prägte; auch hier fällt auf, daß die Traditionen der westlichen, ehemals habsburgischen Provinzen bewußt vernachlässigt, die östlich geprägten Überlieferungen in den Vordergrund gerückt wurden. Zielrichtung der kulturell-nationalen Vereinheitlichung war, von bestehenden Unterschieden abzulenken und diese aus dem Bewußtsein zu verdrängen.

Die schon bald nach dem Zweiten Weltkrieg einsetzende Industrialisierungspolitik wurde ab der zweiten Hälfte der sechziger Jahre weiter forciert. Die Landflucht führte zu einem raschen Anwachsen der Städte, in denen bald die Hälfte der Landesbevölkerung lebte (gegenüber einem Drittel vor dem Zweiten Weltkrieg). In Siebenbürgen waren es Kronstadt und Klausenburg, die sich explosionsartig vergrößerten und um 1990 schließlich rund jeweils eine Drittelmillion Einwohner hatten (gegenüber knapp 60 000 beziehungsweise 100 000 um 1930). Doch auch kleinere Städte und Marktflecken wurden industriell vielfach gefördert, der ländliche Bereich hingegen stark vernachlässigt. Jede Art selbständigen Unternehmertums wurde unterbunden, die gesamte Wirtschaft des Landes zentral gelenkt und überwacht. Der

Lebensstandard erhöhte sich wohl für die vom Land in allerorten aus dem Boden gestampfte Wohnblocks zugezogenen Neustädter, blieb im allgemeinen jedoch weit unter dem Durchschnitt der Ostblock-Staaten. Mißwirtschaft, Korruption und eine übertriebene Exportpolitik führten bereits Mitte der siebziger Jahre zu Engpässen bei der Lebensmittelversorgung. Hinzu kamen ab Beginn der achtziger Jahre eine extreme Energiekrise sowie die Zahlungsunfähigkeit des Landes gegenüber den westlichen Gläubigern. In der Kontinuität zur Politik der „Liberalen" der Zwischenkriegszeit schlug die Regierung daraufhin einen von außen kaum nachvollziehbaren Kurs ein: Die Gesundung „aus eigener Kraft" war erneut oberste Devise, die Auslandsschulden waren schnellstmöglich zurückzuzahlen, um die eigene wirtschaftliche wie politische Unabhängigkeit zu wahren. Als dieses Ziel im Frühjahr 1989 erreicht war, lag Rumänien als Ganzes wirtschaftlich ruiniert am Boden, die Bevölkerung nach jahrelangem Mangel bis aufs Letzte ausgelaugt, die fähigsten Köpfe emigriert. Ceaușescu und sein immenser Apparat standen selbst innerhalb des Ostblocks angesichts ihrer Reformfeindlichkeit politisch isoliert da.

Die Bevölkerung des Landes nahm bis 1990 auf rund 22 Millionen zu, und dies trotz der Auswanderung nicht nur der Deutschen und Juden, sondern zunehmend auch vieler Ungarn und der Rumänen selbst, zumal ihrer Eliten. Die Einwohnerschaft auf dem Boden des historischen Siebenbürgen ist mit etwa sechs Millionen zu beziffern. In die Schlagzeilen geriet Rumänien in den achtziger Jahren durch seine Politik der Dörferzerstörung, „Systematisierung" genannt. Dabei sollten die alten Dorfstrukturen geschleift und die Bewohner in agroindustrielle Großzentren umgesiedelt werden. Obwohl die ersten Beispiele dieser Art in der Umgebung von Bukarest umgesetzt wurden, sahen die ethnischen Minderheiten vor allem Siebenbürgens und des Banats in der Systematisierung eine Maßnahme, ihre eigenen gesellschaftlichen und kulturellen Strukturen völlig zu zerschlagen und sie zu assimilieren.

Das Regime Ceaușescus, das wegen der Menschenrechtsverletzungen seinen früheren Ruf inzwischen gänzlich verloren hatte, geriet nun zusätzlich unter internationalen Beschuß. Auch die altbekannte „Siebenbürgische Frage" kam erneut auf die politische Tagesordnung. Mit steigender Bedrängnis der Ungarn in Rumänien brach der sich nach 1985 langsam öffnende Staat Ungarn sein Schweigen und entdeckte seine Rolle als Schutzmacht der Auslandsungarn neu. Nicht zuletzt wurden die ungarischen Politiker zu deutlicher Kritik am rumänischen Nachbarn durch die Mitte der achtziger Jahre einsetzende Flucht zehntausender Angehöriger der ungarischen Minderheit über die grüne Grenze nach Ungarn genötigt. Die Schließung des ungarischen Konsulats in Klausenburg noch kurz vor der Wende war ein weiteres Zeichen der sich rapide verschlechternden Beziehungen.

Nach dem Umbruch

Die sich in Rumänien bis zur Unerträglichkeit steigernde politische wie ökonomische Bedrückung brach schließlich im Gefolge des Falles der Regime in Ost-Berlin und in Prag im Dezember 1989 voll durch. Der Funke ging von einem gegen die Repressalien des Staates protestierenden ungarisch-reformierten Pfarrer in Temeswar aus, griff vom Banat rasch auf Siebenbürgen und dann auf die Hauptstadt Bukarest über. Während dieser von den Massen der Bevölkerung tatsächlich als Revolution empfundenen Erhebung kam es zu einer Verbrüderung der Nationalitäten, vor allem der Ungarn und Rumänen. Die sich während des Zusammenbruchs konstituierende und die Macht übernehmende „Front der nationalen Rettung" berücksichtigte diesen Umstand durch die Aufnahme ähnlicher Zusicherungen für die nationalen Minderheiten und die Regionen wie 1918 in den Karlsburger Beschlüssen.

Die Entwicklung Rumäniens zu einem pluralistischen demokratischen Staat ging danach zögerlicher voran als in anderen Ländern des ehemaligen Ostblocks, die alten Strukturen und Mentalitäten ließen einen raschen Wandel nicht zu. Die sich „sozialistisch" und mitunter auch sozialdemokratisch ausrichtenden früheren Kommunisten, die sich bei den ersten Parlamentswahlen im Mai 1990 als stärkste Kraft mit absoluter Mehrheit und mit Ion Iliescu als Präsidenten durchsetzen konnten, zeigten eine zeitweilige Neigung zur Zusammenarbeit mit nationalistischen ultrarechten Strömungen, durchaus in der Konsequenz vormaliger autoritärer Politik. Während die Ungarn ihr politisches und kulturelles Gemeinschaftsleben wieder aufzubauen begannen, unternahmen die Regierenden praktisch nichts, um die nationalen Spannungen abzubauen. Die auch in kommunistischer Zeit vorhandenen, jedoch unterdrückten nationalen Animositäten brachen bald nach der Euphorie der Revolutionstage wieder durch. Im März 1990 entlud sich die Spannung zwischen Rumänen und Ungarn in Neumarkt am Mieresch in blutigen Zusammenstößen. Im Sommer 1992 ließ eine Verfügung der rumänischen Regierung die nationalen Wogen wieder hoch schlagen, als sie die ungarischen Präfekten zweier mehrheitlich von Ungarn bewohnter Kreise im Szeklergebiet durch Rumänen ersetzte.

Nach der Verfassung von 1991 steht jeder ethnischen Gruppe mindestens ein Vertreter im Abgeordnetenhaus zu, selbst wenn dieser nicht genügend Stimmen für ein Wahlmandat erhält. Bei der solcherart entstandenen, über ein Dutzend zählenden Parlamentariergruppe handelt es sich jedoch in vielen Fällen um Repräsentanten künstlich wiederbelebter Ethnien, die schon seit langem weitgehend assimiliert sind.

Verschiedene rumänische nationalistische Bewegungen schüren seit 1990 den Haß gegen die Ungarn systematisch und treten in einer an die „Blut-und-Boden"-Ideologie erinnernden Art und Weise für ein ungarnfreies, rumänisches Siebenbürgen ein. Ein interessantes Phänomen ist dabei der Umstand, daß diese Bewegungen auch in Gegenden ohne ethnische Minderheiten und unter den nach Transsilvanien Zugezogenen eifrige Anhänger finden. Der Kandidat einer dieser Bewegungen erhielt bei den Präsidentschaftswahlen 1992 immerhin ein Viertel der in Siebenbürgen abgegebenen Stimmen. Extreme nationalistische Äußerungen sind von den Ungarn Rumäniens nicht mehr zu vernehmen, doch werden deren Forderungen nach autonomen Rechten genauso wie die Organisierung einer Partei auf ethnischer Grundlage mitunter als Bedrohung der nationalstaatlichen Integrität empfunden. Andererseits gibt es heute weder unter den Ungarn in Rumänien noch unter Politikern in Ungarn Stimmen, die von einer Revision der Grenzen sprechen. Trotzdem kam ein rumänisch-ungarischer Grundlagenvertrag, der besonders von der Europäischen Union gefordert wurde, erst unter dem Druck bevorstehender Parlamentswahlen 1996 zu Stande.

Praktisch alle Vertreter der Ungarn in Rumänien sind ausdrücklich um eine konstruktive Mitarbeit am politischen Leben des Staates bemüht und arbeiten mit großem Eifer am Ausbau ihres Bildungswesens, ihrer Kultureinrichtungen und der wissenschaftlichen Forschung auf europäischem Niveau. In diesem Bestreben sehen radikale Rumänen den Ausdruck eines ungarischen Nationalismus, fallweise auch aus dem Gefühl eigener Unterlegenheit heraus. In eine andere Richtung wiesen ab Ende der 1990er Jahre vereinzelte rumänische Vorschläge zur Einrichtung einer vollständigen Autonomie für Siebenbürgen und Transsilvanien, um zumindest diesen wirtschaftlich und gesellschaftlich tendenziell nach wie vor besser als das Altreich entwickelten Regionen die frühere Option einer Mitgliedschaft in der Europäischen Union zu eröffnen. Natürlich wurden diese Persönlichkeiten, die vor allem angesichts der staatlich geschaffenen nachteiligen ökonomischen und rechtlichen Rahmenbedingungen resignierten, als Landesverräter gebrandmarkt.

Einwohner Transsilvaniens nach der Religion 1930 und 1992

Religion/Konfession	1930		1992		1930 = 100
	Personen	%	Personen	%	1992 = %
1. Rumänisch-Orthodox	1 932 356	34,8	5 360 102	69,4	277,4
2. Griechisch-Katholisch	1 385 445	25,0	206 833	2,7	14,9
3. Römisch-Katholisch	947 351	17,1	854 935	11,1	90,2
4. Reformierte/Unitarier	764 650	13,8	872 660	11,3	114,1
5a Evangelisch A.B.			36 264	0,5	
mit	274 415	4,9			20,6
5b Evang. Synod.-Presbyt.			20 184	0,3	
6. Mosaisch	192 833	3,5	2 768	0,0	1,3
7. Evang. Freikirchen*	42 357	0,7	295 152	3,8	696,8
8. Andere Rel./Konfess.	3 196	0,1	50 806	0,6	1 589,7
9. Sonstige	5 760	0,1	23 609	0,3	410,0
Insgesamt	6 548 363	100,0	7 723 313	100,0	139,2

* 1930 Adventisten und Baptisten, 1992 auch Pfingstgemeindler und Evangeliumschristen.

Quelle: ERNST WAGNER: Ethnische und religiöse Minderheiten in Transsilvanien nach der rumänischen Volkszählung vom Jahre 1992. In: ZfSL 18 (1995), 52.

Der Regierungs- und Politikwechsel von den Altkommunisten beziehungsweise Neusozialdemokraten hin zu einem Bündnis der Bürgerlich-Liberalen im Verbund mit der Partei der Ungarn 1996 brachte zwar mehr Transparenz und einen gewissen Reformwillen ins politische Leben des Landes, vermochte einen kurzfristigen grundlegenden Wandel aber auch nicht herbeizuzaubern. Selbst die Versuche einer behutsamen Regionalisierung, weg vom alten Zentralismus etwa im Bereich der Kultur, wurden von den Betroffenen „in der Provinz" nicht verstanden und kaum genutzt. Eine notwendige und durchaus fortschrittliche Reform des Bildungswesens ließ am Beispiel des sogenannten Lehrbuchstreits 1999 die mentale Rückständigkeit weiter Teile der Gesellschaft erkennen: Das Oberstufenlehrbuch einiger junger Historiker von der Universität Klausenburg, die mit ihrem Werk modernen mitteleuropäischen Ansprüchen genügten und statt alter nationaler Mythen eine strukturelle, durchdachte Synthese vorlegten, führte zu wochenlangen Parlamentsdebatten und zu aufgeregtem

Streit in der Öffentlichkeit. Die neue Regierung richtete erstmals ein reguläres Minderheitenministerium ein und nahm sich in gewissem Umfang auch der Kultur der Minderheiten an (so kamen 1999 mehrere sächsische und Szekler Baudenkmäler auf die Weltkulturerbeliste). Von den Deutschen Siebenbürgens ist nach dem Auswanderungsboom Anfang der 1990er Jahre eine Gruppe von vielleicht 15-20 000 zurückgeblieben. Die von den Deutschen hinterlassenen Kulturgüter werden von den Rumänen jedoch meist zögerlich und nur selten bewußt aufgenommen und weitergeführt.

Im Rahmen der Minderheitenproblematik bleibt die Rolle der Roma, die den Ungarn landesweit an Zahl sehr wahrscheinlich deutlich überlegen sind und sich politisch in viele Gruppen zersplittern, noch lange ungewiß. Der Erfolg ihrer Integration in die Gesellschaft und der Akzeptanz durch diese oder aber ihre mögliche Instrumentalisierung durch nationalistische Agitatoren können künftig bestimmende Faktoren werden. Die bewußte Selbsteingliederung breiter Segmente der Roma-Gruppen in die rumänische Kultur in der Nachwendezeit ist in seiner langfristigen Bedeutung noch schwer einzuschätzen.

Als charakteristisch sind auch die je nach Provinzen deutlich ausgeprägten Tendenzen bei den meisten Wahlergebnissen seit der Wende zu erkennen: Während die in den Jahren 2000-2004 wieder regierenden „Sozialdemokraten" in den Provinzen des Altreichs – mit der Ausnahme Bukarest – meist deutlich über der absoluten Mehrheit lagen, kamen sie in den vormals habsburgischen Landesteilen nirgends über etwa ein Drittel der Stimmen. Für die sogenannten Bürgerlich-Liberalen gilt in der Regel die gegenläufige Tendenz. Von den Grundzügen her sind dies Zeichen einer politisch, kulturell und konfessionell quer durch Rumänien verlaufenden Grenze.

Regionales Bewußtsein gewinnt nur sehr allmählich wieder an Boden, zu nachhaltig hat das französische Zentralstaatsmodell während etlicher Generationen vereinheitlichend gewirkt. Mit den intensiven Bemühungen um Angleichung an die von der Europäischen Union vorgegebenen Standards lassen sich die Unterschiede in den historischen Provinzen dennoch mit Händen greifen. Siebenbürgen bietet hier mehrere anschauliche Beispiele, am bekanntesten ist inzwischen wohl Hermannstadt. Hier wagte die Bevölkerung mit der Wahl des Kandidaten der nur mehr kaum zwei Prozent zählenden deutschen Minderheit im Jahr 2000 ein Experiment und hoffte auf ein Kontrastprogramm zu Vetternwirtschaft, wirtschaftlicher Stagnation und Verlotterung. Die Rechnung ging vollständig auf, Hermannstadt wurde mitsamt seinem Umland zur boomenden Musterstadt und der deutsche Oberbürgermeister wurde nach vier Jahren mit fast 90 Prozent der Stimmen wiedergewählt. Auch der Hermannstädter Kreisrat erhielt 2004 einen Präsidenten des Deutschen Forums, Mediasch und Heltau aber ebenfalls deutsche Bürgermeister. Ab Anfang 2007 feierte Rumänien schließlich mit Hermannstadt als Europäischer Kulturhauptstadt seinen Einstand in die Europäische Union.

Eine in Europa zu Beginn des 21. Jahrhunderts kaum bekannte Aufbruchstimmung begann zu einem Kennzeichen nicht nur Hermannstadts, sondern überhaupt siebenbürgischer und Banater Städte zu werden. Sie sind es auch, die mit dem EU-Beitritt Rumäniens den höchsten Standard und damit eine entscheidende Brücke für das ganze Land in die Gemeinschaft einbringen. Der die Nachwendezeit kennzeichnende Braindrain der Eliten in die westliche Welt, zumal nach Übersee, hat sich deutlich verlangsamt, selbst eine gewisse Rückkehrbewegung könnte erkennbar sein. Die Zunkunft wird wieder positiver gesehen. Die Hoffnung auf Überwindung alter Mythen, auf einen vorurteilsfreien und völkerübergreifenden Austausch in diesem alten Grenzbereich Ostmitteleuropas und Südosteuropas hat hier wieder festen Boden gewonnen.

VIII. ZUM STAND DER SIEBENBÜRGEN-FORSCHUNG

Forschungen zur Geschichte und Landeskunde (im weitesten Sinne) des historischen Siebenbürgen standen und stehen zu einem gewissen Teil bis heute sehr stark im Dienste politischer und ideologischer Aufgabenstellungen. Im folgenden soll kurz auf die Quellenlage, die historische Entwicklung der Siebenbürgen-Forschung sowie auf Forschungseinrichtungen hingewiesen werden.

Quellenlage

Die wichtigsten Archivbestände zur Geschichte Siebenbürgens befinden sich heute bei den Kreisdirektionen Bistritz, Hermannstadt, Karlsburg, Klausenburg, Kronstadt, Neumarkt am Mieresch und Miercurea Ciuc der Rumänischen Nationalarchive (bis 1995 Staatsarchive). Die älteren kirchlichen Bestände wurden großteils den Nationalarchiven eingegliedert. Nach vorheriger Anmeldung bei einer Kreisdirektion (Adressen über das Siebenbürgen-Institut), möglichst über eine Institution, sind die Archivalien für wissenschaftliche Zwecke in der Regel problemlos einsehbar. In Hermannstadt werden das Archiv der „Sächsischen Nation", das städtische Archiv, Verwaltungsakten eines Großteils der sächsischen Stühle, darüber hinaus zahlreiche Nachlässe, Kirchenarchive, Vereins- und Firmenarchive primär zur sächsischen Geschichte aufbewahrt. In Klausenburg (www.clujnapoca.ro/arhivelenationale) finden sich wesentliche Teile der Landtags- und Gubernialakten, Blasendorfer Akten der unierten Kirche, das Archiv des Leitenden

Regierungsrats, städtische Archive (u. a. Klausenburg und Bistritz), Nachlässe und Vereinsarchive zur Geschichte der Rumänen und Ungarn Siebenbürgens. Kronstadt beherbergt neben dem umfänglichen Stadtarchiv die Distriktsakten, Teile des Stadtarchivs Schäßburg, Szekler Archivbestände und kulturgeschichtlich relevante Sammlungen. Ferner sind für die Geschichte der Siebenbürger Rumänen Karlsburg, für die der Szekler und Ungarn Neumarkt am Mieresch und Miercurea Ciuc hervorzuheben; in letzterem Archiv werden Akten der Szekler-Stühle, Stadtarchive, Bestände zur Szekler Wirtschafts- und Schulgeschichte sowie zur Militärgrenze aufbewahrt. Für die Zeit nach 1918 und im besonderen für die Nachkriegszeit sind Bukarester Archive zu konsultieren; hier ist primär auf die Generaldirektion der Nationalarchive als Ansprechpartner zu verweisen. Für die meisten Archive in Siebenbürgen bestehen publizierte (rumänischsprachige) Führer mit Bestandsübersichten. Darüber hinaus sind an dieser Stelle Dokumentarsammlungen und Dokumentarbibliotheken zu nennen, etwa das Batthyaneum in Karlsburg, die Bibliothek des Brukenthal-Museums in Hermannstadt oder die Teleki-Bolyai-Bibliothek in Neumarkt am Mieresch. Seit der Wende sind auch die zahlreichen Kirchenarchive relativ gut zugänglich, darunter als das bedeutendste das Archiv des katholischen Erzbistums in Karlsburg und jenes der St.-Michael-Pfarrei in Klausenburg, sodann die Archive der Reformierten und der Unitarischen Kirchen in Klausenburg (alle überwiegend ungarischsprachig), das Zentralarchiv der Evangelisch-lutherischen Kirche in Hermannstadt (www.evang.ro/teutsch-haus) und das Archiv der Honterusgemeinde in Kronstadt (www.honterus-archiv.ro; beide fast ausschließlich deutschsprachig), schließlich das Archiv der orthodoxen Metropolie in Hermannstadt und jenes der St.-Nikolaus-Kirche in Kronstadt (beide rumänischsprachig).

Die Siebenbürgen betreffenden beträchtlichen Bestände des Ungarischen Staatsarchivs (Magyar Országos Levéltár, Bécsi kapu tér 2-4,

H-1014 Budapest, www.mol.gov.hu) sowie der verschiedenen Wiener Archive (Österreichisches Staatsarchiv, Nottendorfergasse 2, A-1030 Wien, www.oesta.gv.at) müssen bei Forschungen über die Zeit ab dem 16. Jahrhundert, im besonderen ab dem Ende des 17. Jahrhunderts bis zum Beginn des 20. Jahrhunderts in jedem Falle mit berücksichtigt werden. In Deutschland sind das Archiv des Siebenbürgen-Instituts an der Universität Heidelberg (Schloß Horneck, D-74831 Gundelsheim/Neckar, www.siebenbuergen-institut.de; u. a. Zeit- und Ortsgeschichte, Denkmaltopographie), jenes des Instituts für deutsche Kultur und Geschichte Südosteuropas (Halskestraße 15, D-81379 München, www.ikgs.de; Schwerpunkte Zeit- und Literaturgeschichte) oder des Südost-Instituts in München (ab Herbst 2007 in Regensburg, www.suedost-institut.de) zu berücksichtigen.

Hier konnte nur ein sehr summarischer Überblick über Quellenbestände zur Geschichte Siebenbürgens geboten werden (weitere Details im Guide to East-Central European Archives; vgl. Literaturhinweise VIII). Auf die Nennung einschlägiger Bibliotheken kann hier verzichtet werden, da sie über internationale Bibliotheksverzeichnisse leicht erschließbar sind. Hinsichtlich der zahlreichen Quelleneditionen wird auf die Übersicht im Handbuch der Historischen Stätten Siebenbürgen verwiesen (vgl. Literaturhinweise). Bei der Planung von Archivstudien wird die Konsultation einschlägiger Institutionen empfohlen, im deutschsprachigen Raum etwa des Siebenbürgen-Instituts, wo weitere Auskünfte zu Beständen gegeben oder Ansprechpartner vor Ort genannt werden können.

Historiographie

Die Chronistik des 16. bis 18. Jahrhunderts fand zu ihrer Zeit in erster Linie als Beschreibung der eigenen Zeitgeschichte Verbreitung und Verwendung. Ihre Edition erfolgte zeitgleich zur Rezeption als Quellenwerke oftmals erst ab dem 19. Jahrhundert. Während historische Forschung seit dem ausgehenden 18. Jahrhundert bei Sachsen und Rumänen zur Verteidigung beziehungsweise Erlangung rechtlicher Positionen der eigenen Gruppe diente, stand beim überwiegend ungarisch geprägten Adel die Landesgeschichte Gesamtungarns im Vordergrund (Studien über die Herkunft der Rumänen und die Dauer ihrer Ansässigkeit in Siebenbürgen; Quellensammlungen und Untersuchungen zur rechtlichen Stellung der Deutschen in Siebenbürgen; Studien und Quellensammlungen zur Geschichte des ungarischen Königtums, des siebenbürgischen Fürstentums oder der Adelsfamilien). Diese Tendenz wurde ein deutliches Kennzeichen der Forschung des 19. Jahrhunderts und weist bis tief ins 20. Jahrhundert hinein. Als ein wesentliches Moment nationaler Identität errang die Pflege des Geschichtsbewußtseins bei den einzelnen Ethnien spätestens ab der Mitte des 19. Jahrhunderts einen prioritären Stellenwert in der Forschung, die bis dahin durchaus vorhandene gesamtsiebenbürgische Sicht wurde allmählich verdrängt. Geschichte wurde nun ausdrücklich für das *eigene* Volk geschrieben, so daß die Existenz andersnationaler Nachbarn und das Zusammenleben mit diesen nicht selten in den Hintergrund rückten. Diese Tendenz wurde dadurch verstärkt, daß Geschichtsforschung in Siebenbürgen nicht von unabhängigen wissenschaftlichen Institutionen, sondern von (in der Regel akademisch gebildeten) Pädagogen und Geistlichen, zuweilen auch von Journalisten, Juristen, Archivaren oder wohlhabenden Privatiers aus volkserzieherischem oder politischem Ansinnen heraus betrieben wurde. Es sind dies Hintergründe, die bei der Verwendung zumal älterer Literatur in allen Landessprachen bedacht werden sollten. Dennoch finden wir ab dem Ende des 19. Jahrhunderts immer wieder ausgewiesene Fachleute unter den Autoren, vor allem als Urkundeneditoren und Mediävisten.

Die Geschichtsschreibung mußte sich zur Zeit der sozialistischen Regime in Rumänien und Ungarn sowohl der marxistischen Geschichtsauffassung wie der jeweiligen nationalen Ideologie beugen. Dies hatte eine mehrfache Verlagerung von Forschungsschwerpunkten zur Folge: einerseits auf die Sozialgeschichte, andererseits entweder auf weniger verfängliche Bereiche wie etwa das Mittelalter oder Bereiche der Geistesgeschichte (vor allem im Falle von Minderheitenangehörigen) oder auf Themenkomplexe mit Profilierungsmöglichkeiten (nationale Vereinigung, Verbrüderung der Völker etc.). Die historiographischen Publikationen unterlagen strengen ideologischen Kontrollen und standen nicht selten im Widerspruch zu den eigentlichen wissenschaftlichen Forschungsergebnissen. Bei der Konsultation entsprechender Werke lohnt sich zur besseren Beurteilung in jedem Falle eine Hintergrunderuierung über Autor, Forschungs- und Publikationsumstände. Eine umfassende Aufarbeitung der Geschichte der Nachkriegsgeschichtsschreibung Rumäniens und Ungarns hat eingesetzt, wird in Rumänien jedoch nur von wenigen Historikern und gegen (wenn auch abnehmende) innerfachliche und gesellschaftliche Widerstände betrieben.

Forschungseinrichtungen

Einen Rahmen für historische Forschungen bildeten oft landeskundliche Vereine: bei den Ungarn seit 1793 die „Erdélyi Magyar Nyelvmívelő Társaság" (Siebenbürgisch-Ungarische Gesellschaft zur Sprachpflege) und seit 1857 der „Erdélyi Múzeum Egyesület" (Siebenbürgischer Museums-Verein), bei den Sachsen seit 1840 der „Verein für siebenbürgische Landeskunde", bei den Rumänen seit 1861 die „Asociaţiunea Transilvană pentru literatură română şi cultura poporului român" (ASTRA) (Siebenbürgische Vereinigung für rumänische Literatur und Kultur des rumänischen Volkes). Zwar entfalteten diese Vereine teilweise eine rege Publikations- und Tagungstätigkeit, verfügten aber kaum über eigene Forschungsstätten. Die zwischen 1844 und 1887 in Hermannstadt bestehende Rechtsakademie konzentrierte sich auf die

Juristenausbildung, gleichwohl einige ihrer Lehrer wichtige rechtshistorische Werke schufen. Die 1854 eingerichtete Historische Kommission der Ungarischen Akademie der Wissenschaften bezog Siebenbürgen in ihre Forschung mit ein. In gewissem Rahmen konnte das 1857 gegründete Szekler Nationalmuseum selbst Forschung betreiben, ebenso seit 1902 das landeskundlich ausgerichtete Kárpát Múzeum. An der 1872 gegründeten Klausenburger Franz-Josephs-Universität nahm die Geschichtswissenschaft nur eine nebengeordnete Rolle ein; erst in der Zwischenkriegszeit, als diese Universität in Szeged weitergeführt wurde, konzentrierte sie sich auf die historische Siebenbürgen-Forschung. Für die rumänische Geschichtsforschung spielte das griechisch-katholische Priesterseminar in Blasendorf eine gewisse Rolle, nach ihrer Gründung 1879 schließlich auch die Rumänische Akademie im Nachbarland. Das 1920 von der rumänischen Regierung gegründete „Institut für nationale Geschichte" in Klausenburg wurde während der Zwischenkriegszeit durch Quelleneditionen und Forschungen zur Geschichte Siebenbürgens bekannt, mußte aber gleichzeitig einen politischen Auftrag erfüllen. Pläne zur Gründung eines Forschungsinstituts wie einer Universität nach dem Ersten Weltkrieg in Hermannstadt zerschlugen sich. Erst die nationalsozialistisch gleichgeschaltete Deutsche Volksgruppe in Rumänien vermochte hier 1940-1944 ein eigenes Institut aufzuziehen. Während der gleichen Zeit bestand in dem zu Ungarn gehörigen Klausenburg das „Siebenbürgische Wissenschaftliche Institut". Nach dem Zweiten Weltkrieg machten sich in Siebenbürgen Klausenburg und Hermannstadt, außerhalb Budapest und Gundelsheim am Neckar Namen als Stätten der Siebenbürgen-Forschung.

Ein Zentrum der gegenwärtigen historischen Siebenbürgen-Forschung ist das Historische Institut (neuerdings: „George Bariț") der Rumänischen Akademie in Klausenburg (Str. Napoca 11, Cluj-Napoca, www.history-cluj.ro) und sein Umfeld. Ein Schwerpunkt liegt auf Editionsvorhaben. Jahrbuch: *Anuarul Institutului de Istorie [şi Arheologie]*

Cluj. Mitarbeiter dieses Instituts sowie der Historisch-Philosophischen Fakultät der Universität Klausenburg (Str. Kogălniceanu 1, ebenda, www.ubbcluj.ro) finden sich teilweise in dem nach der Wende gegründeten Center for Transylvanian Studies (Str. Năsăud 2, ebenda) wieder. Zeitschrift: *Transylvanian Review.* Für die Siebenbürgen-Forschung ist desgleichen wichtig das Institut für Archäologie und Kunstgeschichte der Rumänischen Akademie (Str. Daicoviciu 2, ebenda) mit der Zeitschriften *Ars Transylvaniae* sowie das Dr. Moshe-Carmilly-Institut für hebräische und jüdische Studien an der Universität Klausenburg (Anschrift wie oben) mit der Zeitschrift *Studia Judaica.* Ebenfalls in Klausenburg angesiedelt ist der wiederbelebte Erdélyi Múzeum Egyesület (Str. Napoca 2-4, ebenda, www.eme.ro) mit der fortgeführten Zeitschrift *Erdélyi Múzeum* und mehreren Schriftenreihen, u. a. *Erdélyi Tudományos Füzetek.*

Einen weiteren Schwerpunkt bildet in Siebenbürgen Hermannstadt mit dem Institut für Geisteswissenschaften der Rumänischen Akademie (B-dul Victoriei 40, Sibiu, www.icsusib.ro), das sich seit seiner Gründung 1956 bis heute schwerpunktmäßig auch mit der Geschichte der Deutschen des Landes befaßt. Zeitschriften: *Forschungen zur Volks- und Landeskunde, Studii şi comunicări de etnologie, Anuarul institutului de studii socio-umane Sibiu.* Ebenfalls hier angesiedelt ist die Städtegeschichte-Kommission der Rumänischen Akademie (Zeitschrift: *Historia urbana*), des weiteren der Arbeitskreis für Siebenbürgische Landeskunde e. V. Hermannstadt (gegr. 2006, siehe weiter unten).

Darüber hinaus sind für Siebenbürgen vor allem die Regionalmuseen zu erwähnen, die selbst Forschung betreiben (vor allem in den Bereichen Kunstgeschichte und Archäologie) und eigene Zeitschriften herausgeben, z. B.: *Acta Musei Napocensis* (Klausenburg), *Acta Musei Porolissensis* (Zalău), *Apulum* (Karlsburg), *Cumidava* (Kronstadt), *Revista Bistriţei* (Bistritz), *Studii şi comunicări – Muzeul Brukenthal* (Hermannstadt), *Aluta* (Sfântu Gheorghe). Forschung wird desgleichen an den staatlichen Archiven betrieben (Zeitschrift: *Revista arhivelor*).

Als zentrale Einrichtung der Siebenbürgen-Forschung im Westen hat sich seit seiner Wiedergründung 1962 der Arbeitskreis für Siebenbürgische Landeskunde entwickelt. Vor allem aus dessen Tätigkeit heraus entstand das Siebenbürgen-Institut an der Universität Heidelberg (Sitz in Gundelsheim am Neckar, siehe oben) mit Siebenbürgischer Bibliothek und Archiv; es unterhält rege Beziehungen zu den einschlägigen Forschungs- und Dokumentationseinrichtungen in Rumänien und Ungarn. Zeitschriften: *Zeitschrift für Siebenbürgische Landeskunde, Siebenbürgische Familienforschung;* Schriftenreihen: *Siebenbürgisches Archiv, Studia Transylvanica, Schriften zur Landeskunde Siebenbürgens, Kulturdenkmäler Siebenbürgens.* Zu seinem Umfeld gehört der Nachwuchskreis Studium Transylvanicum (ebenda).

Einen weiteren Schwerpunkt in Deutschland bildet München mit dem Institut für deutsche Kultur und Geschichte Südosteuropas (siehe oben, Zeitschrift: *Spiegelungen,* eine Schriftenreihe), dem Ungarischen Institut (Beichstraße 3, D-80802 München, www.ungarisches-institut. de; Zeitschrift: *Ungarn-Jahrbuch*; Schriftenreihe: *Studia Hungarica*), dem Südost-Institut (siehe oben; Zeitschriften: *Südost-Forschungen, Südosteuropa;* Schriftenreihe: *Südosteuropäische Arbeiten*) und der Südosteuropa-Gesellschaft (Widenmayerstraße 49, D-80538 München, www.suedosteuropa-gesellschaft.com; Zeitschrift: *Südosteuropa Mitteilungen*; mehrere Schriftenreihen).

In Ungarn wird Siebenbürgen-Forschung traditionell nicht als eigener Bereich betrieben, sondern ist selbstverständlicher Bestandteil historisch-landeskundlicher Forschungsvorhaben einschlägiger Einrichtungen. Zu nennen wäre vor allem das Historische Institut der Ungarischen Akademie der Wissenschaften (Úri utca 53, H-1250 Budapest, www. tti.hu), das unter anderem die dreibändige „Geschichte Siebenbürgens" (1986) herausgegeben hat. Zeitschriften: *Századok, Történelmi Szemle.*

Sodann sei der rumänienkundliche Lehrstuhl an der Eötvös-Loránd-Universität Budapest (Piarista köz 1, H-1055 Budapest, www.elte.hu) erwähnt. An Universitäten angesiedelte Forschungsvorhaben beziehen Siebenbürgen zum Teil wesentlich mit ein (z.B. in Budapest, Piliscsaba, Szeged). Schließlich legen verschiedene ungarische Forschungseinrichtungen für Minderheitenfragen einen deutlichen Schwerpunkt auf Siebenbürgen. Die staatlichen ungarischen Archive zeichnen sich genauso wie die Széchényi-Nationalbibliothek ebenfalls durch eine rege Forschungstätigkeit und durch Quelleneditionen aus.

In Österreich besteht ein ausgeprägtes Interesse an Siebenbürgen unter anderem an der Abteilung Südosteuropäische Geschichte des Instituts für Geschichte der Universität Graz (Mozartgasse 3, A-8010 Graz, www.kfunigraz.ac.at/hi); Schriftenreihe: *Zur Kunde Südosteuropas*.

Die Materialfülle, die wechselvolle Geschichte und zahlreiche kaum bearbeitete Themenfelder laden zu Forschungsarbeiten über Siebenbürgen ein. Forschungsbedarf besteht unter anderem in folgenden Bereichen: Sozialgeschichte, Interethnik, Alltags- und Mentalitätsgeschichte, Institutionengeschichte, Kulturgeographie, Umweltgeschichte, wissenschaftliche Quelleneditionen, Geschichte des Fürstentums, Städte- und Wirtschaftsgeschichte des 16. bis 20. Jahrhunderts, Entwicklung des ethnischen Bewußtseins, Minderheitenfragen des 19. und 20. Jahrhunderts, Zeitgeschichte und Totalitarismusforschung, Regionalgeschichte der Nachkriegszeit. Eine Liste der laufenden Doktor- und Diplomarbeiten etc. führt das Siebenbürgen-Institut, das einmal jährlich ein internationales Doktoranden- und Diplomandenkolloquium durchführt.

LITERATURHINWEISE

Im folgenden werden Hinweise auf eine Auswahl überblickartiger oder grundlegender und möglichst aktueller wissenschaftlicher Literatur in westlichen Sprachen gegeben. Rumänisch- und ungarischsprachige Publikationen werden hier nicht genannt, auch wenn ihre Forschungsergebnisse teilweise weiterführen; sie sind in der Regel über die Bibliographien zu erschließen.

Abkürzungen

KGS   Kurze Geschichte Siebenbürgens. Im Auftrag der Ungarischen Akademie der Wissenschaften hg. von BÉLA KÖPECZI. Budapest 1990 [dt. Zusammenfassung der dreibändigen „Erdély Története". Budapest 1986; frz. und engl. Ausgabe ebenda 1992 bzw. 1994].

ZfSL   Zeitschrift für Siebenbürgische Landeskunde (Köln, [Weimar,] Wien)

Allgemeines

Bibliographien: Einführende und grundlegende Titel, systematisch gegliedert und überwiegend annotiert, nennt: Repertorium transylvanicum. Eine Einführung in die wissenschaftliche Literatur über Siebenbürgen. Hg. HARALD ROTH. München 1990, hier die grundlegenden Bibliographien in Kapitel 2 [Loseblatt-Ausgabe]. Hier sei hingewiesen auf die einschlägigen Bände und Kapitel (zu Ungarn und Rumänien) der Historischen Bücherkunde Südosteuropa. Hgg. MATHIAS BERNATH, KARL NEHRING. Bd. I, Teil 1 und 2. München 1978-1980; Bd. II, Teil 2. Bearb. MANFRED STOY. München 2002 sowie der Südosteuropa-Bibliographie. Red. GERTRUD KRALLERT-SATTLER, GERHARD SEEWANN. Bde. I-VI. München 1968-1992. Eine annotierte systematische Auswahlbibliographie für Studienzwecke findet sich für Rumänien

in: Southeastern Europe. A Guide to Basic Publications. Ed. PAUL L. HO-
RECKY. Chicago, London 1969, 331-448, sowie für Ungarn in: East Central
Europe. A Guide to Basic Publications. Ed. PAUL L. HORECKY. Chicago,
London 1969, 443-598. Zur Geschichte der Sachsen sei als umfassende
und zuverlässige Bibliographie genannt: HERMANN HIENZ: Bücherkunde
zur Volks- und Heimatforschung der Siebenbürger Sachsen. München
²1960. Die gesamte Landesgeschichte Siebenbürgens berücksichtigt die
laufend erschienene und alphabetisch geordnete Bibliographie zur siebenbürgischen [Geschichte und] Landeskunde, Folge 1-25. Bearb. UTE
MONIKA SCHWOB (1-4), BALDUIN HERTER (5-25). In: Korrespondenzblatt
des Arbeitskreises für Siebenbürgische Landeskunde 1 (1971)-6 (1976)
sowie in: ZfSL 1 (1978)-15 (1992). Für 1993-2000 erfolgen einschlägige
Hinweise in der „Zeitschriftenschau" in ZfSL.

Gesamtdarstellungen: Die bisher beste Zusammenfassung in deutscher
Sprache liegt in der „Kurzen Geschichte Siebenbürgens" (siehe KGS bei
den Abkürzungen) vor, die auf eine dreibändige ungarische Ausgabe der
Ungarischen Akademie der Wissenschaften zurückgeht. Die englische
Übersetzung der letzteren erscheint unter dem Titel „History of Transylvania" (3 Bde., Boulder/Co., New York 2001-2002). Sichtlich um Distanz bemüht, liegt dennoch ein Schwerpunkt auf ungarischen Belangen,
was sich schon an den chronologischen Einteilungen und quantitativen
Gewichtungen erkennen läßt; marxistische Geschichtsauffassung und
Terminologie sind hier noch nicht ganz, aber doch weitgehend überwunden. Für die erste Orientierung trotz der „Kürze" (XVI und 780 Seiten)
zwar etwas ausführlich, für die Vertiefung jedoch sehr zu empfehlen.
Zwei von rumänischer Seite vorgelegte Synthesen folgen sowohl mar-
xistischer wie nationalrumänischer Geschichtsinterpretation und sind in
erster Linie für Historiographiestudien heranzuziehen: Brève histoire de
la Transylvanie. Hgg. CONSTANTIN DAICOVICIU, MIRON CONSTANTINESCU.
Bucarest 1965 sowie STEFAN PASCU: A History of Transylvania. Detroit
1982. Überwiegend von ungarischer Seite wird die Geschichte Siebenbürgens in folgender interessanten Aufsatzsammlung betrachtet: Transylvania. The Roots of Ethnic Conflict. Hg. JOHN F. CADZOW u. a. Kent/Oh.
1983. Als Überblick kann neuerdings herangezogen werden: Handbuch
der Historischen Stätten Siebenbürgen. Hg. HARALD ROTH. Stuttgart 2003
(mit Einführung, 179 Stätten Siebenbürgens sowie des Banats und der
Partes, Regenten- und Bischofslisten, ausführlicher Bibliographie). Mit
qualitativ stark differierenden Kapiteln neuerdings: The History of Transylvania. Hgg. IOAN-AUREL POP, THOMAS NÄGLER. Bd. 1ff. Cluj-Napoca
2005ff.

Geschichten von Ländern/Ethnien: Als Überblickdarstellungen zur Geschichte Ungarns sind zu empfehlen: A History of Hungary. Hg. PETER F. SUGAR. Bloomington, Indianapolis 1990 sowie HOLGER FISCHER (mit KONRAD GÜNDISCH): Eine kleine Geschichte Ungarns. Frankfurt/Main 1999. Als Einführung in die komplexe Thematik gut geeignet: ANTON RADVÁNSZKY: Grundzüge der Verfassungs- und Staatsgeschichte Ungarns. München 1990. Für den größeren Kontext des Habsburgerreiches sind die Bde. 5-9 der Reihe Österreichische Geschichte. Hg. HERWIG WOLFRAM. Wien 1994ff. zu empfehlen. Die wohl beste Synthese zur Geschichte der Rumänen: VLAD GEORGESCU: The Romanians. A History. Columbus/Oh. 1991, die die Rumänen Siebenbürgens mitbehandelt (wenngleich der Schwerpunkt auf der Moldau und Walachei liegt) und bei kritischen Fragen die nötige Distanz zeigt (mit guter Bibliographie). Als Einstieg vor allem für die neuere Zeit: EKKEHARD VÖLKL: Rumänien. Vom 19. Jahrhundert bis in die Gegenwart. Regensburg, München 1995 sowie KENO VERSECK: Rumänien. München [3]2007. Umfassend und auf hohem Niveau: KEITH HITCHINS: The Romanians, 1774-1866. Oxford 1996 und DERS.: Rumania, 1866-1947. Oxford 1994. Speziell zu den Rumänen Siebenbürgens: CORNELIA BODEA, VIRGIL CÂNDEA: Transylvania and the History of the Roumanians. Boulder/Co. 1982. Zu den Sachsen zusammenfassend: ERNST WAGNER: Geschichte der Siebenbürger Sachsen. Ein Überblick. Innsbruck 1981, München [7]1998 sowie mit Schwerpunkt auf volkskundlichen Fragen und Interferenzen: ANNEMIE SCHENK: Deutsche in Siebenbürgen. Ihre Geschichte und Kultur. München 1992. Übersichtlich und zuverlässig: KONRAD GÜNDISCH (mit MATHIAS BEER): Siebenbürgen und die Siebenbürger Sachsen. München 1998, [2]2005.

Übergreifend: Mit Nachdruck sei auf die überwiegend ausgezeichneten Kapitel zu Ungarn, dem Osmanischen Reich, dem Habsburger Reich und zu Rumänien im Handbuch der Europäischen Geschichte. Hg. THEODOR SCHIEDER. 7 Bde. Stuttgart 1968-1992 verwiesen. Die entsprechenden Kapitel im Handbuch der europäischen Wirtschafts- und Sozialgeschichte. Hg. WOLFRAM FISCHER u. a. 6 Bde. Stuttgart 1980-1993 sind von sehr unterschiedlicher Qualität; es wird in den Literaturhinweisen zu den Kapiteln jeweils Bezug darauf genommen. EDGAR HÖSCH: Geschichte der Balkanländer. Von der Frühzeit bis zur Gegenwart. München 1988, [4]2002 behandelt Siebenbürgen im südosteuropäischen, WERNER CONZE: Ostmitteleuropa. Von der Spätantike bis zum 18. Jahrhundert. München 1992 im ostmitteleuropäischen Kontext (beide mit guten Literaturhinweisen). Über die Geschichte der Deutschen hinausgehend ist der umfassende Band der Reihe „Deutsche Geschichte im Osten Europas": Land an der Donau. Hg.

GÜNTER SCHÖDL. Berlin 1995. Für die jüngste Zeit ist das systematisch gegliederte Handbuch zu empfehlen: Südosteuropa. Gesellschaft. Politik, Wirtschaft, Kultur. Hgg. MAGARDITSCH HATSCHIKJAN, STEFAN TROEBST. München 1999.

Nachschlagewerke zur Geschichte Siebenbürgens in westlichen Sprachen sind an Zahl sehr begrenzt. Unverzichtbar ist das Biographische Lexikon zur Geschichte Südosteuropas. Hg. MATHIAS BERNATH u. a. 4 Bde. München 1974-1981. Vor allem für das 20. Jahrhundert und die jüngste Geschichte aufschlußreich die Artikel zu Siebenbürgen, Rumänien und Ungarn in: Das neue Osteuropa von A-Z. Hg. PETER REHDER. München 1992, ²1993. Gerade hinsichtlich der Einträge zur Landesgeschichte sehr nützlich: Lexikon der Siebenbürger Sachsen. Hg. WALTER MYSS. Thaur bei Innsbruck 1993 [auch als: Siebenbürger Sachsen – Lexikon. Würzburg 1993]. Ein Standardwerk ist ERNST WAGNER: Historisch-statistisches Ortsnamenbuch für Siebenbürgen. Mit einer Einführung in die historische Statistik des Landes. Köln, Wien 1977; es umfaßt das historische Siebenbürgen und bietet eine Fülle statistischer und demographischer Angaben. Für den praktischen Gebrauch ebenfalls geeignet OTTO MITTELSTRASS: Ortsnamenbuch [zum Historisch-Landeskundlichen Atlas von Siebenbürgen]. Heidelberg 1992 sowie detailliert: DÉNES WILDNER: Ortslexikon der ehemaligen Gebiete des historischen Ungarns. 2 Bde. München 1996-1998. *Chronologien* zur Landesgeschichte Siebenbürgens: KGS, 721-735; Siebenbürgen mit berücksichtigend: Chronological History of Romania. Hg. CONSTANTIN C. GIURESCU. Bucureşti 1974. *Atlanten:* Für den raschen Überblick ist zu empfehlen: PAUL ROBERT MAGOCSI: Historical Atlas of East Central Europe. Seattle, London 1993, für spezielle Fragestellungen die entsprechenden Kartenblätter aus: Atlas Ost- und Südosteuropa. Hg. Österreichisches Ost- und Südosteuropa-Institut. Wien 1989ff.

Quellen: Eine Übersicht zu Quelleneditionen findet sich im Handbuch der Historischen Stätten Siebenbürgen (siehe oben). Eine Auswahledition in deutscher Sprache mit vielfachen Bezügen zur Landesgeschichte ist greifbar als: Quellen zur Geschichte der Siebenbürger Sachsen 1191-1975. Bearb. ERNST WAGNER. Köln, Wien 1976, ²1981.

I. Das Land

HANSJÖRG KÜSTER: Geschichte der Landschaft in Mitteleuropa. Von der Eiszeit bis zur Gegenwart. München 1995. HEINZ HELTMANN, GUSTAV SERVATIUS: Die naturräumliche Gliederung Siebenbürgens. In: Naturwissenschaftliche Forschungen über Siebenbürgen IV. Hg. HEINZ HELTMANN. Köln u. a. 1991, 91-120 (in den Bänden dieser Reihe [I-VI, 1979-2000] weitere wichtige Beiträge zum Thema). MILOVAN GAVAZZI: Die kulturgeographische Gliederung Südosteuropas. Ein Entwurf. In: Südost-Forschungen 15 (1956), 5-21. Zum geographischen Rahmen und zur Begriffsgeschichte das erste Kapitel in: KARL KASER: Südosteuropäische Geschichte und Geschichtswissenschaft. Eine Einführung. Wien, Köln 1990. Mit knappen Überblicken zu allen Orten, geographischen Angaben und Reiserouten: Reiseführer Siebenbürgen. Hg. HEINZ HELTMANN, GUSTAV SERVATIUS. Thaur bei Innsbruck 1993 [auch als: Reisehandbuch Siebenbürgen. Würzburg 1993].

II. Altertum und Völkerwanderung

Zum Gesamtraum: ROBERT WERNER: Geschichte des Donau-Schwarzmeer-Raumes im Altertum. In: Abriß der Geschichte antiker Randkulturen. Hg. WOLF-D. VON BARLOEWEN. München 1961, 83-152. HERWIG WOLFRAM: Die Germanen. München 1995. Die Völker Südosteuropas im 6. bis 8. Jahrhundert. Hg. BERNHARD HÄNSEL. Berlin 1987. HANS DITTEN: Ethnische Verschiebungen zwischen Balkanhalbinsel und Kleinasien vom Ende des 6. bis zur zweiten Hälfte des 9. Jahrhunderts. Berlin 1993. MARTIN EGGERS: Das „Großmährische Reich": Realität oder Fiktion? Eine Neuinterpretation der Quellen zur Geschichte des mitleren Donauraumes im 9. Jahrhundert. Stuttgart 1995. KONRAD SCHÜNEMANN: Die Deutschen in Ungarn bis zum 12. Jahrhundert. Berlin, Leipzig 1923. Zu Ideologisierung und Mißbrauch von Archäologie: Nationalism, Politics and the Practice of Archaeology. Hgg. PH. L. KOHL, C. FAWCETT. Cambridge 1996.

Überblicke zu Siebenbürgen: KURT HOREDT: Untersuchungen zur Frühgeschichte Siebenbürgens. Bukarest 1958. C[ONSTANTIN] DAICOVICIU: La Transylvanie dans l'antiquité. Bucarest 1945. KURT HOREDT: Siebenbürgen in spätrömischer Zeit. Bukarest 1982; DERS.: Siebenbürgen im Frühmittelalter. Bonn 1986; DERS.: Das frühmittelalterliche Siebenbürgen. Ein Überblick. Thaur bei Innsbruck 1988 (eine Zusammenfassung der vorigen beiden

Titel). Siebenbürgen zur Zeit der Römer und der Völkerwanderung. Hg. WOLFGANG SCHULLER. Köln u. a. 1994.

Kontinuitätstheorie: Befürwortende Positionen: ADOLF ARMBRUSTER: La romanité des roumains. Histoire d'une idée. Bucarest 1977 sowie den unter III genannten Titel des gleichen Autors; CONSTANTIN C. GIURESCU: Transsilvanien in der Geschichte des rumänischen Volkes. Bukarest 1968; ION HURDUBEȚIU: Die Deutschen über die Herkunft der Rumänen. Bukarest 1977; LIGIA BÂRZU: Der Fortbestand der Rumänen im ehemaligen Dazien. Bukarest 1981. *Gegenpositionen:* GOTTFRIED SCHRAMM: Eroberer und Eingesessene. Geographische Lehnnamen als Zeugen der Geschichte Südosteuropas im 1. Jahrtausend n. Chr. Stuttgart 1981; DERS.: Ein Damm bricht. Die römische Donaugrenze und die Invasionen des 5.-7. Jahrhunderts im Lichte von Namen und Wörtern. München 1997. Die ungarische Sichtweise zusammenfassend: KGS, 16-195 passim. Eine Zwischenposition nimmt KURT HOREDT in seinen beiden oben genannten und im Westen erschienenen Büchern ein.

III. Siebenbürgen im mittelalterlichen Königreich Ungarn

Ein strukturell aufgebauter Überblick zur Epoche bei JEAN W. SEDLAR: East Central Europe in the Middle Ages, 1000-1500. Seattle, London 1994. Nach wie vor nicht überholt (bis zu den Anfängen der Angevinen): BÁLINT HÓMAN: Geschichte des ungarischen Mittelalters. 2 Bde. Berlin 1940, 1943. Zur Frage des ungarischen Landesausbaus und der Verteidigung: HANSGERD GÖCKENJAN: Hilfsvölker und Grenzwächter im mittelalterlichen Ungarn. Wiesbaden 1972. Zur Landesstruktur detailliert OTTO MITTELSTRASS: Beiträge zur Siedlungsgeschichte Siebenbürgens im Mittelalter. München 1961 (mit einem umfangreichen Kartenanhang). Zum Spätmittelalter JANOS M. BAK: Königtum und Stände in Ungarn im 14.-16. Jahrhundert. Wiesbaden 1972 und ANDRÁS KUBINYI: König und Volk im spätmittelalterlichen Ungarn. Herne 1998. Einen nationalrumänischen Standpunkt nimmt ein: IOAN-AUREL POP: Romanians and Hungarians from the 9th to the 14th Century. The Genesis of the Transylvanian Medieval State. Cluj-Napoca 1996.

Zur *Sozial-* und zur *Stadtgeschichte* grundlegende Beiträge in: Die mittelalterliche Städtebildung im südöstlichen Europa. Hg. HEINZ STOOB. Köln, Wien 1977. Unverzichtbare Monographien mit neuen Forschungsergebnissen sind: KONRAD G. GÜNDISCH: Das Patriziat siebenbürgischer Städte im Mittelalter. Köln u. a. 1993; MAJA PHILIPPI: Die Bürger von Kronstadt im

14. und 15. Jahrhundert. Untersuchungen zur Geschichte und Sozialstruktur einer siebenbürgischen Stadt im Mittelalter. Köln, Wien 1987; PAUL NIEDERMAIER: Der mittelalterliche Städtebau in Siebenbürgen, im Banat und im Kreischgebiet [bis 1241]. Heidelberg 1996 und DERS.: Städtebau im Mittelalter. Siebenbürgen, Banat und Kreischgebiet (1242-1347). Köln u. a. 2002; Bd. 3 für die Zeit 1348-1526 ebenda 2004. Die Kapitel zu Ungarn (von GYÖRGY GYÖRFFY) und zu „Rumänien" (von ŞTEFAN ŞTEFĂNESCU) in Bd. 2 des Handbuchs der europäischen Wirtschaftsgeschichte (Stuttgart 1980) können als Überblicke dienen, wobei gerade letzteres nur aus der rumänischen Geschichtsauffassung heraus verstanden werden kann.

Zu den *Osmanen* in Europa zusammenfassend PETER F. SUGAR: Southeastern Europe under Ottoman Rule, 1354-1804. Seattle, London 1977. Zu Siebenbürgen sehr übersichtlich GUSTAV GÜNDISCH: Siebenbürgen in der Türkenabwehr 1395-1526. In: DERS.: Aus Geschichte und Kultur der Siebenbürger Sachsen. Köln, Wien 1987, 36-64 (hier auch weitere wichtige Beiträge zum Schwerpunkt Mittelalter und frühe Neuzeit).

Schwerpunktmäßig zu den Siebenbürger *Rumänen:* ADOLF ARMBRUSTER: Der Donau-Karpatenraum in den mittel- und westeuropäischen Quellen des 10.-16. Jahrhunderts. Eine historiographische Imagologie. Köln, Wien 1990. Zusammenfassend zu den *Szeklern*: THOMAS VON BOGYAY: Über Herkunft, Gesellschaft und Recht der Székler. In: Ungarn-Jahrbuch 2 (1970), 20-33. Über die Geschichte der *Sachsen* sind vor allem zwei Sammelbände bedeutend (mit Beiträgen zur Landesgeschichte und zu einzelnen Gruppen, etwa zum Adel): Gruppenautonomie in Siebenbürgen. 500 Jahre siebenbürgisch-sächsische Nationsuniversität. Hg. WOLFGANG KESSLER. Köln, Wien 1990 sowie: Zur Rechts- und Siedlungsgeschichte der Siebenbürger Sachsen. [Hg. PAUL PHILIPPI.] Köln, Wien 1971.

IV. Siebenbürgen als autonomes Fürstentum

Staatsrechtlicher Rahmen: Das grundlegende Quellenwerk (mit ausführlichen Einleitungen, wobei die habsburgische Perspektive reflektiert wird) zu dieser Epoche ist RODERICH GOOSS: Österreichische Staatsverträge. Fürstentum Siebenbürgen 1526-1691. Wien 1911. Eine Untersuchung staatsrechtlicher Fragen bietet GEORG MÜLLER: Die Türkenherrschaft in Siebenbürgen. Verfassungsrechtliches Verhältnis Siebenbürgens zur Pforte 1541-1688. Hermannstadt 1923 und neuerdings zusammenfassend: GERALD VOLKMER: Das Fürstentum Siebenbürgen 1541-1691. Außenpolitik und völkerrechtliche Stellung. Kronstadt, Heidelberg 2002. Zur Landesverfassung sehr übersichtlich: KRISTA ZACH: Fürst, Landtag und Stände. Die verfassungsrechtliche Frage in Siebenbürgen im 16. und 17. Jahrhundert. In: Ungarn-Jahrbuch 11 (1980-1981), 63-90.

Konfessionalisierung: Zum größeren Rahmen: MÁRTA FATA: Ungarn, das Reich der Stephanskrone, im Zeitalter der Reformation und der Konfessionalisierung. Münster 2000. Die beste Übersicht bietet KRISTA ZACH: Zur Geschichte der Konfessionen in Siebenbürgen im 16. bis 18. Jahrhundert. In: Südostdeutsches Archiv 24/25 (1981/1982), 40-89. Eine Zusammenfassung des Forschungsstandes zur Reformation (mit Schwerpunkt auf dem Luthertum): KARL REINERTH: Die Gründung der evangelischen Kirchen in Siebenbürgen. Köln, Wien 1979. Die Entwicklung der Religionsfreiheit behandelt: LUDWIG BINDER: Grundlagen und Formen der Toleranz in Siebenbürgen bis zur Mitte des 17. Jahrhunderts. Köln, Wien 1976. Zu den Reformierten und Unitariern: MIHÁLY BUCSAY: Der Protestantismus in Ungarn 1521-1978. Ungarns Reformationskirchen in Geschichte und Gegenwart. 2 Bde. Köln, Wien 1977, 1979; GRAEME MURDOCK: Calvinism on the Frontier, 1600-1660. International Calvinism and the Reformed Church in Hungary and Transylvania. Oxford 2000; MIHÁLY BALÁZS: Early Transylvanian Antitrinitarianism (1566-1571). Baden-Baden, Bouxwiller 1996; EARL MORSE WILBUR: A History of Unitarianism in Transylvania, England, and America. Cambridge/Ma. 1952. Zur Orthodoxie (jedoch die Beziehungen zur Reformation und zum Katholizismus meist aussparend und die Unierten vereinnahmend): MIRCEA PĂCURARIU: Geschichte der Rumänischen Orthodoxen Kirche. Erlangen 1994, sodann differenziert KRISTA ZACH: Orthodoxe Kirche und rumänisches Volksbewußtsein im 15. bis 18. Jahrhundert. Wiesbaden 1977. Zum Katholizismus im Überblick GABRIEL ADRIÁNYI: Beiträge zur Kirchengeschichte Ungarns. München 1986. Als Themenheft zur Konfessionengeschichte Siebenbürgens im Überblick: Siebenbürgische Semesterblätter 10 (1996), Heft 2. Einen vorzüglichen Überblick über *kulturgeschichtliche Grundlagen* bietet KRISTA ZACH: Humanismus und Renaissance in Siebenbürgen. Über ihre Voraussetzungen und Wege der Entfaltung in einer Randzone (15./16. Jahrhundert). In: Ungarn-Jahrbuch 10 (1979), 163-224. Zusammenfassend und mit einer guten Karte die Kapitel in KGS 287-294, 344-353.

Zur *politischen* und zur *Sozialgeschichte* Siebenbürgens zur Zeit des autonomen Fürstentums sind nur wenige Studien in westlichen Sprachen publiziert worden. Neben der bereits genannten Quellensammlung von GOOSS sei insbesondere die „Siebenbürgische Chronik des Schäßburger Stadtschreibers Georg Kraus. 1608-1665" (2 Bde. Wien 1862, 1864. Ndr.

Graz 1969) genannt. Zum Langen Türkenkrieg und zu Michael dem Tapferen jetzt MEINOLF ARENS: Habsburg und Siebenbürgen 1600-1605. Köln u. a. 2001. Eine der wenigen Monographien zum Thema: MAJA DEPNER: Das Fürstentum Siebenbürgen im Kampf gegen Habsburg. Untersuchungen über die Politik Siebenbürgens während des Dreißigjährigen Krieges. Stuttgart 1938. Zur Stellung zwischen Habsburgern und Osmanen, insbesondere des ungarischen Adels: BÉLA KÖPECZI: Staatsräson und christliche Solidarität. Die ungarischen Aufstände in der zweiten Hälfte des 17. Jahrhunderts. Wien u. a. 1983. Auf die Rolle Siebenbürgens in den politischen und militärischen Auseinandersetzungen eingehend WILLIAM MCNEILL: Europe's Stepp Frontier, 1500-1800. Chicago, London 1964. D[AVID] PRODAN: Die Leibeigenschaft in Siebenbürgen vom 16. bis 18. Jahrhundert. In: Südost-Forschungen 33 (1974), 62-84. Als Überblick ist sodann das Kapitel zu Ungarn (von LÁSZLÓ MAKKAI) in Bd. 3 des Handbuchs der europäischen Wirtschafts- und Sozialgeschichte (Stuttgart 1986), nur mit deutlicher Einschränkung jenes zu den „rumänischen Ländern" (von ŞTEFAN PASCU und RADU MANOLESCU) zu empfehlen; das 17. Jahrhundert behandelt in Bd. 4 des Handbuchs teilweise mit: ANGELIKA SCHASER (siehe unter V).

V. Siebenbürgen als Provinz der Habsburgermonarchie

Geschichte: Zusammenfassend zur Habsburger Zeit: Siebenbürgen in der Habsburgermonarchie. Vom Leopoldinum bis zum Ausgleich (1690-1867). Hgg. ZSOLT K. LENGYEL, ULRICH A. WIEN. Köln u. a. 1999. Grundlegend ist die Monographie von ROLF KUTSCHERA: Landtag und Gubernium in Siebenbürgen 1688-1869. Köln, Wien 1985 (mit einem Quellenanhang Lateinisch/Ungarisch und Deutsch). Mit vielfältigen Literaturhinweisen die klar gegliederte Studie von WOLFGANG KESSLER: Stände und Herrschaft in Ungarn und seinen Nebenländern im 18. und 19. Jahrhundert. In: Stände und Landesherrschaft in Ostmitteleuropa in der frühen Neuzeit. Hg. HUGO WECZERKA. Marburg 1995, 171-191. Mit einer ausführlichen historischen Einführung, dann auf die Geschichte der Rumänen eingehend MATHIAS BERNATH: Habsburg und die Anfänge der rumänischen Nationsbildung. Leiden 1972. Zum Revolutionsgeschehen u. a. GYÖRGY SPIRA: The Nationality Issue in the Hungary of 1848-49. Budapest 1992.

Gesellschaft: Überblickmäßig KRISTA ZACH: Bevölkerungsstrukturen und gesellschaftlicher Wandel in Siebenbürgen 1688-1848. In: Siebenbürgische Semesterblätter 3 (1989), 41-51, sowie ausführlicher das Kapitel über das

Fürstentum Siebenbürgen 1650-1850 von ANGELIKA SCHASER im Bd. 4 des Handbuchs der europäischen Wirtschafts- und Sozialgeschichte (Stuttgart 1993). Monographien mit meist guten historischen Einführungen: DAVID PRODAN: Supplex Libellus Valachorum. Aus der Geschichte der rumänischen Nationsbildung 1700-1848. Köln, Wien 1982; KEITH HITCHINS: The Rumanian National Movement in Transylvania, 1780-1849. Cambridge/Ma. 1969; FRANCISC PALL: Ein siebenbürgischer Bischof im römischen Exil: Inochenție Micu-Klein (1745-1768). Köln u. a. 1991; CARL GÖLLNER: Die siebenbürgische Militärgrenze. Ein Beitrag zur Sozial- und Wirtschaftsgeschichte 1762-1851. München 1974; ANGELIKA SCHASER: Josephinische Reformen und sozialer Wandel in Siebenbürgen. Die Bedeutung des Konzivilitätsreskriptes für Hermannstadt. Stuttgart 1989 (mit Quellenanhang). Neuerdings grundlegend und mit einem Schwerpunkt auf Siebenbürgen: JOACHIM BAHLCKE: Ungarischer Episkopat und Österreichische Monarchie. Von einer Partnerschaft zur Konfrontation (1686-1790). Stuttgart 2005. Einer der wenigen Beiträge zur *Wirtschaftsgeschichte* ist KONRAD MÜLLER: Siebenbürgische Wirtschaftspolitik unter Maria Theresia. München 1961. In der Habsburger Zeit ansetzend und bis ins 20. Jahrhundert fortführend, mit Schwerpunkt auf den Rumänen: KATHERINE VERDERY: Transylvanian Villagers. Three Centuries of Political, Economic, and Ethnic Change. Berkeley u. a. 1983. Über die *Juden* ANGELIKA SCHASER: Die Juden in Siebenbürgen vom 16. bis zum 18. Jahrhundert. In: Südost-Forschungen 49 (1990), 57-94; LADISLAU GYÉMÁNT: The Jews of Transylvania in the Age of Emancipation (1790-1867). București 2000. Über die *Armenier* JUDIT PÁL: Armenier im Donau-Karpaten-Raum, im besonderen in Siebenbürgen. In: Minderheiten, Regionalbewußtsein und Zentralismus in Ostmitteleuropa. Hg. HEINZ-DIETRICH-LÖWE u. a. Köln u. a. 2000, 121-137.

VI. Siebenbürgen zur Zeit des österreichisch-ungarischen Dualismus

Zusammenfassend zum *Ausgleich:* Der österreichisch-ungarische Ausgleich von 1867. Seine Grundlagen und Auswirkungen. München 1968 (hierin OTTO FOLBERTH: Die Auswirkungen des „Ausgleichs" von 1867 auf Siebenbürgen, 48-70). Als Überblickdarstellung gut geeignet: JÓZSEF GALÁNTAI: Der österreichisch-ungarische Dualismus 1867-1918. Budapest, Wien [1990]. Im besonderen sei hingewiesen auf das Standardwerk: Die Habsburgermonarchie 1848-1918. Hg. ADAM WANDRUSZKA, PETER URBANITSCH. 8 Bde. Wien 1973-2006. Grundlegend desgleichen ROBERT A. KANN:

Das Nationalitätenproblem der Habsburgermonarchie. Geschichte und Ideengehalt der nationalen Bestrebungen vom Vormärz bis zur Auflösung des Reiches im Jahre 1918. 2 Bde. Graz, Köln ²1964. JÖRG K. HOENSCH: Geschichte Ungarns 1867-1983. Stuttgart u. a. 1984. Zum Parteienwesen und Parlamentarismus mit guten Übersichten ADALBERT TOTH: Parteien und Reichstagswahlen in Ungarn 1848-1892. München 1973.

Eine umfassende Analyse bietet JOACHIM VON PUTTKAMER: Schulalltag und nationale Integration in Ungarn. Slowaken, Rumänen und Siebenbürger Sachsen in der Auseinandersetzung mit der ungarischen Staatsidee, 1867-1914. München 2003. Zu den Rumänen auch EMANUEL TURCZYNSKI: Von der Aufklärung zum Frühliberalismus. Politische Trägergruppen und deren Forderungskatalog in Rumänien. München 1985 sowie das kulturgeschichtlich bedeutende Werk von SORIN MITU: Die ethnische Identität der Siebenbürger Rumänen. Eine Entstehungsgeschichte im historischen Raum. Köln u. a. 2003. Zur Geschichte der Sachsen zusammenfassend (mit Schwerpunkt auf Kultur- und Sozialgeschichte): Die Siebenbürger Sachsen in den Jahren 1848-1918. Red. CARL GÖLLNER. Köln, Wien 1988. Neben Bd. 1 des Werkes „Die Habsburgermonarchie 1848-1918" sei für wirtschaftliche und soziale Fragen als knapper Überblick auf das Kapitel zu den südosteuropäischen Staaten (von IVÁN T. BEREND und GYÖRGY RÁNKI) im Bd. 5 des Handbuchs der europäischen Wirtschafts- und Sozialgeschichte (Stuttgart 1985) verwiesen.

VII. Siebenbürgen als Teil Rumäniens

Als geeignete *Überblicke* zur Geschichte Rumäniens während der Zwischenkriegszeit und teilweise darüber hinaus seien genannt: JOSEPH ROTHSCHILD: East Central Europe Between the Two World Wars. Seattle, London 1974, ⁶1990, 281-322; HITCHINS (siehe unter Allgemeines); STEPHEN FISCHER-GALATI: Twentieth Century Rumania. New York 1970, ²1991. Den aktuellen Forschungsstand zur Zwischenkriegszeit mit Hinweisen auf die Zeit danach fassen zwei Sammelbände zusammen: Siebenbürgen zwischen den beiden Weltkriegen. Hg. WALTER KÖNIG. Köln u. a. 1994; Minderheit und Nationalstaat. Siebenbürgen seit dem Ersten Weltkrieg. Hg. HARALD ROTH. Köln u. a. 1995. Als ausgezeichnete Monographie zu kulturpolitischen und ethnischen Fragen ist anzuführen: IRINA LIVEZEANU: Cultural Politics in Greater Romania. Regionalism, Nation Building, & Ethnic Struggle, 1918-1930. Ithaca, London 1995. Einschließlich der

Nachkriegszeit ebenfalls übersichtlich aus ungarischer Perspektive: ELEMÉR ILLYÉS: Nationale Minderheiten in Rumänien. Siebenbürgen im Wandel. Wien 1981.

Zur *rumänischen Nationalbewegung* und zur *Anschlußfrage* 1918 neben dem Werk von ROBERT A. KANN zusammenfassend PETER HASLINGER: Arad, November 1918. Oszkár Jászi und die Rumänen in Ungarn 1900 bis 1918. Wien u. a. 1993. Über die Übergangsperiode liegt als Monographie aus rumänischer Sicht vor: GHEORGHE IANCU: The Ruling Council. The Integration of Transylvania into Romania 1918-1920. Cluj-Napoca 1995. Die Legionärsbewegung behandelt zuverlässig: ARMIN HEINEN: Die Legion „Erzengel Michael" in Rumänien. Ein Beitrag zum Problem des internationalen Faschismus. München 1986. Mit Vorsicht zu verwenden ist das Kapitel über ostmittel- und südosteuropäische Staaten 1914-1980 (von IVÁN T. BEREND und GYÖRGY RÁNKI) in Bd. 6 des Handbuchs der europäischen Wirtschafts- und Sozialgeschichte (Stuttgart 1987).

Einen guten Überblick zur *Nationalitätenfrage* gewährt: ZSOLT K. LENGYEL: Politisches System und Minderheiten in Rumänien 1918-1989. Abriß über die inneren Integrationsprobleme des zentralistischen Einheitsstaates am Beispiel der Deutschen und der Magyaren. In: ZfSL 24 (2001), S. 190-212. Zuverlässig und vielfache interethnische Querverbindungen aufzeigend ist DERS.: Auf der Suche nach dem Kompromiß. Ursprünge und Gestalten des frühen Transsilvanismus 1918-1928. München 1993. Zur Zeitgeschichte der Sachsen umfassend: ULRICH A. WIEN. Kirchenleitung über dem Abgrund. Bf. Friedrich Müller vor den Herausforderungen durch Minderheitenexistenz, Nationalsozialismus und Kommunismus. Köln u. a. 1998.

Zu den *Juden* im 19. und 20. Jahrhundert zusammenfassend: KRISTA ZACH: Die Juden Rumäniens zwischen Assimilation und Auswanderung. In: Aspekte ethnischer Identität. Hgg. EDGAR HÖSCH, GERHARD SEEWANN. München 1991, 257-298, sodann HILDRUN GLASS: Zerbrochene Nachbarschaft. Das deutsch-jüdische Verhältnis in Rumänien (1918-1938). München 1996. Zum Holocaust: The Tragedy of Romanian Jewry. Ed. RANDOLPH L. BRAHAM. New York 1994. Zu den *Roma* u. a.: BRIGITTE MIHOK: Vergleichende Studie zur Situation der Minderheiten in Ungarn und Rumänien (1989-1996) unter besonderer Berücksichtigung der Roma. Frankfurt/Main 1999.

Empfehlenswerte Literatur über *Rumänien in kommunistischer Zeit* ist sehr begrenzt. Als Überblicke sei auf die oben genannten Titel von STEPHEN FISCHER-GALATI, VLAD GEORGESCU und EKKEHARD VÖLKL verwiesen. Hilfreich ist das Südosteuropa-Handbuch, Bd. II „Rumänien". Hg. KLAUS-

DETLEV GROTHUSEN. Göttingen 1977. Über die rumänische Politik bis Mitte der sechziger Jahre aufschlußreich: GERD FRICKENHELM: Die rumänische Abweichung. Eine Beschreibung und Analyse ihrer Entstehung. Münster 1990. Mit kulturanthropologischem Ansatz behandelt die Folgezeit KATHERINE VERDERY: National Ideology Under Socialism. Identity and Cultural Politics in Ceauşescu's Romania. Berkeley u. a. 1991. Als grundlegende Arbeit sei empfohlen GÜNTHER H. TONTSCH: Das Verhältnis von Partei und Staat in Rumänien. Kontinuität und Wandel 1944-1982. Köln 1985, ferner ROBERT R. KING: A History of the Romanian Communist Party. Stanford 1980 und DENNIS DELETANT: Romania under Communist Rule. Oxford u. a. 1999. Über die rein rechtlichen Aspekte hinaus weist ERICH KENDI: Minderheitenschutz in Rumänien. Die rechtliche Normierung des Schutzes der ethnischen Minderheiten in Rumänien. München 1992. Zu gesellschaftlichen Problemfeldern: BRIGITTE MIHOK: Ethnostratifikation im Sozialismus, aufgezeigt an den Beispielen Ungarn und Rumänien. Frankfurt/Main u. a. 1990. Zur Aussiedlungsproblematik: GEORG WEBER u. a.: Emigration der Siebenbürger Sachsen. Studien zu Ost-West-Wanderungen im 20. Jahrhundert. Opladen 2003.

Zur Entwicklung *nach dem Umbruch* ANNELI UTE GABANYI: Systemwechsel in Rumänien. Von der Revolution zur Transformation. München 1998, sodann die Aufsatzsammlung: Romania After Tyranny. Hg. DANIEL N. NELSON. Boulder, San Francisco, Oxford 1992 und TOM GALLAGHER: Romania after Ceauşescu. The Politics of Intolerance. Edinburgh 1995. Auf neuestem Stand ist die Studie von GEORG BRUNNER, GÜNTHER H. TONTSCH: Der Minderheitenschutz in Ungarn und Rumänien. Bonn 1995. Ein guter Überblick zu demographischen Fragen bei: ERNST WAGNER: Ethnische und religiöse Minderheiten in Transsilvanien nach der rumänischen Volkszählung vom Jahre 1992. In: ZfSL 18 (1995), 46-59.

VIII. Zum Stand der Siebenbürgen-Forschung

Einen guten *Überblick* über Südosteuropa bietet KARL KASER: Südosteuropäische Geschichte und Geschichtswissenschaft. Eine Einführung. Wien, Köln 1990, ²2002. Zusammenfassend zur historischen Siebenbürgen-Forschung die Aufsatzsammlung: Historians and the History of Transylvania. Hg. LÁSZLÓ PÉTER. Boulder/Co., New York 1992. Mit Schwerpunkten auf Mittelalter und früher Neuzeit, Ungarn ausführlich mitbehandelnd: NORBERT KERSKEN: Geschichtsschreibung im Europa der „nationes". Köln

u. a. 1995. Zur *Geschichtsschreibung der einzelnen Ethnien*: LUCIAN BOIA: Geschichte und Mythos. Zur Gegenwart des Vergangenen in der rumänischen Gesellschaft. Köln u. a. 2003 bietet eine profunde und kritische Auseinandersetzung mit der gesamten rumänischen Historiographie. Zu erwähnen sind sodann FREDERICK KELLOGG: A History of Romanian Historical Writing. Bakersfield/Ca. 1990; STEVEN BELA VARDY: Modern Hungarian Historiography. Boulder/Co., New York 1976; EDIT SZEGEDI: Geschichtsbewußtsein und Gruppenidentität. Die Historiographie der Siebenbürger Sachsen zwischen Barock und Aufklärung. Köln u. a. 2002; K[ONRAD] GÜNDISCH u. a.: Wissenschaft. In: Die Siebenbürger Sachsen in den Jahren 1848-1918. Red. CARL GÖLLNER. Köln, Wien 1988, 328-364.

Zur *politischen Rolle* der Historiographie u. a. DENNIS DELETANT, HARRY HANAK: Historians as Nation-Builders. London 1988; KLAUS BEER: Die Interdependenz von Geschichtswissenschaft und Politik in Rumänien 1945-1980. Die Historiographie über den Zeitraum 1918-1945. In: Jahrbücher für Geschichte Osteuropas 32 (1984), 241-274. Zu Fragen der *Geschichtsinterpretation und -manipulation*: KURT HOREDT: „... und was verschwand, wird mir zur Wirklichkeit". Erinnerungen. Bonn 1988; DIONISIE GHERMANI: Die kommunistische Umdeutung der rumänischen Geschichte unter besonderer Berücksichtigung des Mittelalters. München 1967; sehr anschaulich auch das Beispiel von RADU POPA: Die Geschichte Rumäniens um das Jahr 1000. Bemerkungen und Berichtigungen. In: ZfSL 15 (1992), 11-30. Zur *neueren Siebenbürgen-Forschung:* Wege landeskundlicher Forschung. 25 Jahre Arbeitskreis für Siebenbürgische Landeskunde 1962-1987. Red. KONRAD GÜNDISCH. Köln, Wien 1988. Über *Archivbestände*: Sonderheft Transylvanian Review 4 (1995), 3 sowie die Beiträge von IMRE RESS und JAMES P. NIESSEN über Ungarn und Rumänien in: A Guide to East Central European Archives. Hg. CHARLES W. INGRAO. Minneapolis 1998 (= Sonderheft Austrian History Yearbook 29 [1998], 2). Für die archivalischen Bestände im Westen seien genannt (wenn auch nicht immer auf dem neuesten Stand): GERHARD TEICH: Topographie der Osteuropa-, Südosteuropa- und DDR-Sammlungen. München, New York 1978; WALTER LUKAN, MAX DEMETER PEYFUSS: Ost- und Südosteuropa-Sammlungen in Österreich. Verzeichnis der Bibliotheken, Institute, Archive und Museen. Wien, München 1982, ²1990; East Central and Southeast Europe. A Handbook of Library and Archival Resources in North America. Hg. PAUL L. HORECKY. Chicago 1976.

REGENTENTAFELN

Könige von Ungarn   Woiwoden von Siebenbürgen[1]

Arpaden

1001-1038 Stephan I. (der Heilige)
1038-1041 (1.) Petrus (Orseolo)
1041-1044 Aba Samuel
1044-1046 (2.) Petrus (Orseolo)
1046-1060 Andreas I.
1060-1063 Béla I.
1063-1074 Salomon
1074-1077 Géza I.
1077-1095 Ladislaus I. (der Heilige)
1095-1116 Koloman (der Bücherfreund)
1116-1131 Stephan II.
1131-1141 Béla II.
1141-1162 Géza II.
1162-1172 Stephan III. (*Gegenkönige*: Ladislaus II., Stephan IV.)
1172-1196 Béla III.
1196-1204 Emmerich

1204-1205 Ladislaus III.	1201	(1.) Gyula
1205-1235 Andreas II.	1212-1213	Berthold (von Andechs-Meran)
	1214	(2.) Gyula
	1227	(1.) Pousa (Sohn des Solyom)
1235-1270 Béla IV. (seit 1230 *rex iunior*)	1235-1241	(2.) Pousa (Sohn des Solyom)
1270-1272 Stephan V. (seit 1257 *rex iunior*)	1270-1272	(1.) Matthäus (Csáki)
1272-1290 Ladislaus IV. (der Kumane)	1273-1277	(2.) Matthäus (Csáki)
	1282	(1.) Roland Borsa
	1284-1285	(2.) Roland Borsa
1290-1301 Andreas III.	1288-1293	(3.) Roland Borsa

---

[1] Angesichts der Vielzahl siebenbürgischer Woiwoden aufgrund häufigen Wechsels wird hier eine Auswahl der wichtigeren Persönlichkeiten getroffen. Die vollständige Liste in: FRANCISC PALL: Elemente de cronologie [Fragen der Chronologie]. In: Documente privind istoria Romîniei. Introducere [Urkunden zur Geschichte Rumäniens. Einführung]. Bd. 1. [Bucureşti] 1956 sowie: Magyarország történeti kronológiája [Chronologie der Geschichte Ungarns]. Hg. KÁLMÁN BENDA. Budapest ²1983.

Wechselnde Herrscherhäuser

1301-1305	Wenzel (Přemysl)	1294-1315	Ladislaus Kán
1305-1308[12]	Otto (von Wittelsbach)		
1307-1342	Karl I. Robert (von Anjou)	1318-1321	Dózsa (von Debrecen)
		1322-1342	Thomas Szécsényi
1342-1382	Ludwig I. (der Große, von Anjou)	1351-1356	(1.) Nikolaus Kont
		1356-1376	Woiwoden a. d. Hause Lackfi
1382-1395	Maria (*Gegenkönig:* Karl von Durazzo)	1376-1391	Ladislaus Losonczi
1387-1437	Sigismund (von Luxemburg)	1395-1401	(1.) Stibor von Stiboricz
		1401-1403	Nikolaus Csáki
		1410-1414	(2.) Stibor von Stiboricz
		1415-1437	Woiwoden a. d. Hause Csáki
		1436-1438	Petrus Cseh
1437-1439	Albrecht (von Habsburg)	1438-1440	Desiderius Losonczi
1440-1444	Wladislaus I. (Jagiełło)	1441-1446	(1.) Johannes Hunyadi
1444-1446	*Interregnum*	1441-1447	(1.) Nikolaus Ujlaki
1446-1457	Ladislaus V. (Postumus, von Habsburg) (*Reichsverweser 1446-1453:* Johannes Hunyadi, *1453-1456:* Ulrich von Cilli)	1448	(2.) Johannes Hunyadi
		1450-1457	(2.) Nikolaus Ujlaki
		1450-1460	(1.) Johannes Rozgonyi
1458-1490	Matthias I. (Corvinus)	1460	(3.) Nikolaus Ujlaki
		1462-1465	(2.) Johannes Rozgonyi und (1.) Johannes Pongrácz
		1465-1467	Sigismund und Johannes Szentgyörgyi, Berthold Ellerbach
		1468-1472	(2.) Johannes Pongrácz
		1476	(3.) Johannes Pongrácz
1490-1516	Wladislaus II. (Jagiełło)	1479-1493	Stephan Báthory (I.)
		1493-1499	Ladislaus Losonczi und Bartholomäus Drágfi
		1499-1510	Peter von St. Georgen u. Bösing
1516-1526	Ludwig II. (Jagiełło)	1510-1526	Johannes Szapolyai
		1526-1529	Petrus Perényi
		1529-1533	Stephan Báthory (II.)
		1534-1539	Stephan Mailath

Regententafeln

Habsburger als Könige von Ungarn (in Klammern Zählung als Römische Kaiser)		Fürsten v. Siebenbürgen (bis 1571 auch Könige von Ungarn)		Osmanische Sultane	
1526-1563	Ferdinand I. (I.)	1526-1540	Johann I. Szapolyai	1520-1566	Süleyman I.
1563-1576	Maximilian (II.)	1540-1571	Johann II. Sigismund *Statthalter 1541-1551:* Georg Martinuzzi	1566-1574	Selim II.
1572-1608	Rudolf (II.)	1571-1586	Stefan Báthory	1574-1595	Murat III.
		1586-1597	Sigismund Báthory	1595-1603	Mehmet III.
		1598-1604	Rudolf von Habsburg		
		1599	Andreas Báthory		
		1600-1601	Michael (der Tapfere)		
		1601-1602	Sigismund Báthory		
		1603	Moses Székely		
		1604-1606	Stephan Bocskai	1603-1617	Ahmet I.
		1607-1608	Sigismund Rákóczi		
1608-1619	Matthias II. (I.)	1608-1613	Gabriel Báthory		
1618-1637	Ferdinand II.(II.)	1613-1629	Gabriel Bethlen	1617-1618	Mustafa I.
				1618-1622	Osman II.
				1622-1623	Mustafa I.
		1629-1630	Katharina v. Brandenburg	1623-1640	Murat IV.
		1630	Stephan Bethlen		
1625-1657	Ferdinand III.(III.)	1630-1648	Georg I. Rákóczi	1640-1648	Ibrahim
1647-1654	Ferdinand IV.	1648-1660	Georg II. Rákóczi	1648-1687	Mehmet IV.
		1657-1658	Franz Rhédey		
		1658-1659	Achatius Barcsai		
1655-1705	Leopold I. (I.)	1661	Johann Kemény		
1687-1711	Joseph I. (I.)	1661-1690	Michael Apafi	1687-1691	Süleyman II.
				1691-1695	Ahmet II.
				1695-1703	Mustafa II.

Habsburger als
Fürsten v. Siebenbürgen Gouverneure von Siebenbürgen
(Zählung als Könige von
Ungarn, in Klammern als
Römische/Österr. Kaiser)

1690-1705 Leopold I. (I.)	1691-1708 Gf. Georg Bánffy	*Gegenfürst 1690-1699*: Emmerich Thököly
1705-1711 Joseph I. (I.)	1709-1713 *Landesdeputation*	*Gegenfürst 1704-1711*: Franz II. Rákóczi
1712-1740 Karl III. (VI.)	1713-1731 Gf. Sigismund Kornis	
	1732-1734 Gf. Franz Anton Wallis	
1741-1780 Maria Theresia	1734-1755 Gf. Johann Haller	*Gegenfürst 1737/38*: Josef Rákóczi
	1758-1762 Gf. Ladislaus Kemény	
	1762-1764 B. Adolf N. Buccow	
1765-1867: Großfürsten	1764-1767 Gf. Andreas Hadik	
	1767-1770 Gf. Carl O'Donell	
	1771-1774 Gf. Maria-Joseph Auersperg	
1780-1790 Joseph II. (II.)	1774-1787 B. Samuel Brukenthal	
1790-1792 Leopold II. (II.)	1787-1822 Gf. Georg Bánffy	
1792-1835 Franz (II./I.)	1822-1834 B. Johann Jósika	
1830-1848 Ferdinand V. (I.)	1835-1837 Ehzg. Ferdinand d'Este	
	1837-1840 Gf. Johann Kornis	
	1842-1848 Gf. Josef Teleki	
1848-1916 Franz Joseph (I.)	1849-1851 B. Ludwig Wohlgemuth	
	1851-1858 Fst. Carl B. Schwarzenberg,	
	1858-1861 Fst. Friedrich Liechtenstein	
	1860-1861 Gf. Emmerich Mikó	
	1861-1867 Gf. Ludwig Folliot-Crenneville	
[1916-1918 Karl IV. (I.)]		

Staatspräsidenten von Ungarn	Präsident des Leitenden Regierungsrats für Siebenbürgen	Könige von Rumänien
1919 Mihály Károlyi 1919 Sándor Garbai 1919 Joseph von Österreich	1918-1920 Iuliu Maniu	1914-1927 Ferdinand I. (von Hohenzollern-Sigmaringen)
Reichsverweser von Ungarn 1920-1944 Miklós Horthy		1927-1930 (1.) Mihai I. 1930-1940 Carol II. 1940-1947 (2.) Mihai I.

Präsidenten Rumäniens

Volksrepublik:
1947-1952 Constantin I. Parhon
1952-1958 Petru Groza
1958-1961 Ion Gheorghe Maurer
1961-1965 Gheorghe Gheorghiu-Dej

Sozialistische Republik:
1965-1967 Chivu Stoica
1967-1989 Nicolae Ceauşescu

Republik:
1990-1996 Ion Iliescu
1996-2000 Emil Constantinescu
2000-2004 Ion Iliescu
2004-   Traian Băsescu

Quellen: ROLF KUTSCHERA: Landtag und Gubernium in Siebenbürgen 1688-1869. Köln, Wien 1985. JOSEF MATUZ: Das Osmanische Reich. Grundlinien seiner Geschichte. Darmstadt 1985. BERTOLD SPULER: Regenten und Regierungen der Welt. Teil II, 2 und 3. Würzburg 1962. PETER TRUHART: Regents of Nations. Regenten der Nationen. Bd. III/1. München u. a. 1986.

ZEITTAFEL

70-44 v. Chr.	Gründung eines dakischen Staates unter Burebista
105/106	Eroberung Dakiens durch Kaiser Trajan und Einrichtung der römischen Provinz Dacia
ab 235	Goteneinfälle in Dakien
271	Räumung der nördlich der Donau gelegenen dakischen Provinzen durch die Römer
375	Hunneneinfall, Beginn des Rückzugs der Goten
455	Untergang des Reiches der Hunnen, gepidische Vorherrschaft
567	Sieg der Awaren und Langobarden über die Gepiden
ab 7. Jh.	Slaven in Siebenbürgen
um 800	Zerstörung des awarischen Reiches durch Bulgaren und Karolinger
9. Jh.	Einbeziehung Südsiebenbürgens ins Bulgarische Reich, Auftauchen der Ungarn
ab 895	Landnahme der Ungarn
um 1000	Ungarische Reichsgründung unter König Stephan und Beginn der Eingliederung Siebenbürgens
11. Jh.	Gründung des Weißenburger Bistums, Beginn der Einfälle der Petschenegen und Kumanen
12. Jh.	Ansiedlung von Hilfstruppen als Grenzwächter in Siebenbürgen
ab Mitte 12. Jh.	Deutsche Siedler im Süden und Nordwesten, Szekler im Osten
1211-1225	Deutscher Orden im Burzenland
1222	„Goldene Bulle" Andreas' II. für den Adel
1224	„Goldener Freibrief" Andreas' II. für die deutschen *hospites*
1241/42	Mongoleneinfall verwüstet den Donau-Karpaten-Raum

Zeittafel

1285	Zweiter Mongoleneinfall in Siebenbürgen
Ende 13. Jh.	Zunehmende Woiwodenmacht in Siebenbürgen
14. Jh.	Wiederherstellung der Königsherrschaft unter den Angevinen, Erstarken der Städte
Mitte 14. Jh.	Selbständigwerdung der Nachbarprovinzen Moldau und Walachei
1395	Erster Türkeneinfall in Siebenbürgen
1396	Niederlage eines Kreuzfahrerheers unter König Sigismund gegen die Osmanen bei Nikopolis
ab 1420	Einfälle osmanischer Truppen in Siebenbürgen nehmen zu
1437/38	Bauernaufstand in Siebenbürgen, *Unio trium nationum*
1458	Erneuerung der *Unio trium nationum*
1467	Aufstand der Siebenbürger gegen König Matthias
1479	Sieg der siebenbürgischen und Temescher gegen osmanische Truppen auf dem Brotfeld
1514	Bauernaufstand unter Georg Dózsa
1526	Schlacht bei Mohács: Sieg der Osmanen über König Ludwig II., Untergang des mittelalterlichen Königreichs Ungarn
1538	Friedensvertrag von Wardein: Aufteilung Ungarns nach Machtsphären
1541	Dreiteilung des historischen Ungarn durch die osmanische Besetzung Mittelungarns, Beginn der Selbständigkeit Siebenbürgens unter osmanischer Oberhoheit
1544	Angliederung der *Partes adnexae* an Siebenbürgen
1568	Anerkennung der Konfessionen der Lutheraner, Reformierten, Katholiken und Unitarier durch den Thorenburger Landtag
1570	Vertrag von Speyer: Anerkennung der Oberhoheit der Habsburger als Könige Ungarns
1593-1606	Siebenbürgen in den Wirrnissen des „Langen Türkenkriegs"
1599-1600	Michael der Tapfere bringt neben der Walachei und der Moldau auch Siebenbürgen unter seine Herrschaft
1604-1606	Bocskai-Aufstand

1613	Mit dem Amtsantritt Gabriel Bethlens als Fürst von Siebenbürgen Beginn des „Goldenen Zeitalters" des Fürstentums
1619-1648	Wiederholte Teilnahme der Fürsten Siebenbürgens am Dreißigjährigen Krieg
1661	Mit der Einsetzung eines eigenen Fürstenkandidaten stärkt die Hohe Pforte ihren Einfluß auf die Landespolitik
ab 1683	Eroberung des osmanisch besetzten Teils Ungarns durch die Habsburger
1688	Fürst und Stände Siebenbürgens erkennen die Herrschaft Leopolds I. an
1690/91	Zusicherung der Beibehaltung der Landesverfassung Siebenbürgens im *Diploma Leopoldinum*
1697	Griechisch-katholische Kirchenunion in Siebenbürgen
1699	Friede von Karlowitz: Bestätigung der Habsburger Herrschaft über Ungarn und Siebenbürgen
1703-1711	Kuruzzenaufstand gegen die Habsburger Herrschaft
1723	Der Landtag nimmt die Pragmatische Sanktion an
1744	Verzicht des Landtags auf die der Habsburger Herrschaft widersprechenden Teile der Landesverfassung
1751	Die Siebenbürgische Hofkanzlei in Wien übernimmt die Leitung der siebenbürgischen Verwaltung
1762-1770	Einrichtung der Siebenbürgischen Militärgrenze
1764	Niederschlagung einer Szeklererhebung
1765	Siebenbürgen wird Großfürstentum
1769	Erste Urbarialreform Siebenbürgens durch Maria Theresia
1781-1790	Josephinische Reformen
1784	Aufstand rumänischer Bauern unter Horea
1791	Rumänische Denkschrift *Supplex Libellus Valachorum*
1804/06	Begründung des Kaiserreichs Österreich
1848/49	Revolution in Siebenbürgen, zeitweilige Union mit Ungarn, Aufhebung der Leibeigenschaft
ab 1849	Abbau der ständischen Selbstverwaltung

1863/64	Der Landtag beschließt weitreichende Veränderungen der Landesverfassung
1867	Siebenbürgen wird mit dem österreichisch-ungarischen Ausgleich integraler Teil Ungarns
1868	*Pronunciamentum* als Erklärung einer rumänischen Versammlung in Blasendorf, ungarisches Nationalitätengesetz
1876	Ungarische Verwaltungsreform, Aufhebung der alten Selbstverwaltungsgebiete
1877	Unabhängigkeit der vereinigten Fürstentümer Moldau und Walachei als Rumänien von der osmanischen Oberhoheit
etwa ab 1879	Magyarisierungsmaßnahmen in Ungarn und Beginn des Nationalitätenkampfs
1892	Die Rumänen wenden sich mit dem *Memorandum* an den Kaiser
1914	Beginn des Ersten Weltkriegs, Neutralität Rumäniens
1916	Einfall Rumäniens in Südsiebenbürgen
1918	Zusammenbruch der Donaumonarchie, Anschlußerklärung der Rumänen Transsilvaniens an das Königreich Rumänien
1919	Militärische Besetzung Siebenbürgens durch rumänische Truppen, Interimsverwaltung, Friedensvertrag der Entente mit Rumänien und Minderheitenschutzvertrag
1920	Friedensvertrag der Entente mit Ungarn, vollständige Eingliederung Siebenbürgens und weiterer ostungarischer Komitate ins Königreich Rumänien
ab 1921	Bodenreform in den neuen Landesteilen
1923	Verfassung Großrumäniens
1938	Königsdiktatur Carols II.
1940	Abtretung Nordsiebenbürgens und des Szeklerlandes an Ungarn, Militärdiktatur in Rumänien
1941	Eintritt Rumäniens wie Ungarns an der Seite Hitlerdeutschlands in den Krieg
1944	Seitenwechsel Rumäniens unter König Mihai I., beginnende Sowjetisierung und Besetzung Nordsiebenbürgens
1947	Rumänien wird Volksrepublik

1952-1968	„Autonome Ungarische Region" im Szeklerland
1965	Ceaușescu Generalsekretär der KP, neue Verfassung als Sozialistische Republik Rumänien
1968	Einrichtung gleichgeschalteter „Räte der Werktätigen" der nationalen Minderheiten
1971	Ende der kurzen „liberalen" Phase unter Ceaușescu
1978	Abkommen zur Familienzusammenführung zwischen der Bundesrepublik Deutschland und Rumänien
1989	Sturz der Diktatur Ceaușescus
1991	Verfassung der Republik Rumänien
1996	Rumänisch-Ungarischer Grundlagenvertrag
2007	Beitritt Rumäniens zur Europäischen Union, Hermannstadt Europäische Kulturhauptstadt

ABBILDUNGSNACHWEIS

Umschlag, Seiten 13, 15, 29, 34, 39, 56, 74, 75, 88, 99, 113, 123, 133: Die österreichisch-ungarische Monarchie in Wort und Bild. Ungarn, Bd. VI. Wien 1902. Stiche von Karl Cserna, Theodor Dörre, Johann Greguss, Julius Háry, Lázár Nagy.

Seite 20: HADRIAN DAICOVICIU: Dacii [Die Daker]. Bucureşti 1968.

Seite 42: Hermann UND Alida Fabini: Kirchenburgen in Siebenbürgen. Leipzig 1985.

Seite 44: JÁNOS GYÖNGYÖSSY: Székely templomerődök [Szekler Kirchenburgen]. Csíkszereda 1994.

Seite 50: ALBERT ARZ VON STRAUSSENBURG: Beiträge zur siebenbürgischen Wappenkunde. Köln, Wien 1981.

Seite 62: ANTAL GINDELY, IGNÁCZ ACSÁDY: Bethlen Gábor és udvara 1580-1629 [Gabriel Bethlen und sein Hof 1580-1629]. Budapest 1890.

Seite 69: GERNOT NUSSBÄCHER: Aus Urkunden und Chroniken. Beiträge zur siebenbürgischen Heimatkunde. [Bd. 1.] Bukarest 1981. Zeichnung von Karin Schiel.

Seite 91: Stich von Ludwig Rohbock (um 1850).

Seite 109: Stich von Ludwig Rohbock (um 1850).

Seite 116: Stich von Emil Singer nach einem Gemälde von H. Bulhardt (Ende 19. Jahrhundert).

Seite 140: Stich von Ludwig Rohbock (um 1850).

Die Vorlagen stellte freundlicherweise die Bibliothek des Siebenbürgen-Instituts in Gundelsheim am Neckar zur Verfügung.

REGISTER

der geographischen Namen, Personen und historischen Begriffe

Abkürzungen: r. = rumänisch, u. = ungarisch. Ins Register wurden die Landesnamen Siebenbürgen, Rumänien, Ungarn, Habsburger Reich sowie ihre Sonderformen, des weiteren Volksnamen sowie die Namen der Stände nicht aufgenommen. Die Konkordanz wird nur für geographische Namen in Siebenbürgen angegeben.

Adria 28
Afrika 47
Alpen 24
Alt (r. Olt, u. Olt) 11, 18
Altland 12
Andreanum (Goldener Freibrief Andreas' II. für die deutschen Siedler der Hermannstädter Provinz) 32
Andreas II. 31, 32, 33
Angevinen (u. Könige) 36, 39
Antitrinitarier *siehe Reformation*
Antisemitismus 134
Antonescu, Ion 134
Apafi, Michael 65
Apponyi, Albert 115
Approbatae (Gesetzessammlung des Landtags) 51
Arad (r. Arad, u. Arad) 122
Armenierstadt (r. Gherla, u. Szamosújvár) 74
Arpaden (u. Königsdynastie) 25, 27, 36
Asien 23, 28, 47

Aufstände 40, 42, 44, 45, 61, 63, 65, 72, 88, 89
Aurelian 20
Ausgleich (Grundlagenvertrag Ungarns mit Wien, der dem Land weitgehende Selbständigkeit im Rahmen der Monarchie brachte) 103, 105, 106, 108, 109, 111
Autonome Ungarische Region (halbautonome Verwaltungseinheit im Szeklerland in kommunistischer Zeit) 137, 143
Banat 11, 68, 82, 83, 84, 118, 128, 146, 147
Banater Bergland 11
Basta, Georg 60, 61
Báthory, Andreas 60
Báthory, Gabriel 62
Báthory, Sigismund 59
Báthory, Stephan 54, 56, 58
Béla IV. 34
Belgrad 47, 82
Berlin 118, 135, 147
Bessarabien 125, 133
Bethlen, Gabriel 62, 63

Bistritz (r. Bistriţa, u. Besztercze) 13, 33, 37

Blasendorf (r. Blaj, u. Balázsfalva) 98, 108

Böhmen 45, 53

Borgo-Grund (r. Prundul Bârgăului, u. Borgoprund) 12

Bocskay, Stephan 60, 61, 62

Brătianu 128

Buda *siehe* Ofen

Budapest (siehe auch Ofen und Pest) 113, 117, 121, 122, 130

Bukarest 112, 119, 123, 126-128, 131, 132, 135, 137, 138, 141, 146, 147, 149, 151, 154

Bukowina (auch Buchenland) 11, 119, 125, 133, 134

Bulgarien 129

Bundesrepublik Deutschland *siehe* Deutschland

Burebista 17

Burgdiener (Burgjobagionen, Dienstmannen des Königs, die in den Adelsstand aufstiegen) 39

Burzenland (r. Ţara Bârsei, u. Barcaság, sächsisches Selbstverwaltungsgebiet um Kronstadt) 12, 33

Byzanz 21, 22, 27, 36

Cäsar 18

Calvinismus *siehe* Reformation

Cantemir, Dimitrie 89

Carol II. 132, 133

Ceauşescu, Nicolae 143, 146, 147

Certa Puncta (Urbarialreform Maria Theresias) 85, 88

Compilatae (Gesetzessammlung des Landtags) 51

Coresi 55

Csík (r. Ciuc, Szekler Stuhl) 58

Dacia (römische Provinzen) 18, 20

Davidis, Franz 57, 58

Debrezin (u. Debrecen) 99

Decebal 18

Desch (r. Dej, u. Dés) 13

Deutscher Bund 97, 105

Deutscher Orden 33, 53

Deutsche Volksgruppe in Rumänien (durch Hitler-Deutschland gleichgeschaltete Volksorganisation) 135, 158

Deutschland 105, 109, 133, 134, 135, 137, 141, 142, 155, 160

Dobrudscha 125

Dominikaner 28

Donau 12, 17-24, 60, 76

Dózsa, Georg 45

Dracula (literarische Gestalt) 7, 41

Drei Stühle (r. Trei Scaune, u. Háromszék, Szekler Stühle Sepsi, Kézdi und Orbai) 58, 133

Dreißigjähriger Krieg 63

Dualismus (Epoche der staatlichen „Teilung" der Habsburger Monarchie in Österreich und Ungarn) 105, 107, 109, 110, 113, 115, 117, 119

Eisenburg 64

Eiserne Garde (faschistische rumänische Bewegung) 132, 133

Eiserner Vorhang 139

England 53

Erster Weltkrieg 118, 119, 121, 125

Europäische Union 149, 152

Februarpatent 102

Ferdinand I. 48, 52

Filzmützen (Oberschicht der Daker) 17

Fogarasch (r. Făgăraș, u. Fogaras) 91
Fogarascher Land (r. Țara Făgărașului, u. Fogarasfölde) 13, 70
Frankfurter Paulskirche 94
Frankreich 129
Franz II./I. 92
Franz Ferdinand 115, 117, 123
Franz Joseph 113, 121
Französische Revolution 87, 92
Freimaurer 96
Fürstenrat (dem Fürsten beigeordnete Vertreter der Stände) 50
Fugger 38
Gegenreformation 59, 65, 66, 80, 85
Genf 129
Gespan (oberster Verwaltungsbeamter eines Komitats) 31
Gheorghiu-Dej, Gheorghe 139
Ghimeș-Paß (r. Pasul Ghimeș, Gyimesi hágó) 13
Goldene Bulle (grundlegender königlicher Freibrief für den Adel Ungarns) 31
Gouverneur (oberster Verwaltungsbeamter zur Zeit der Habsburger Herrschaft) 66, 80
Gräfen (Führungsschicht aus der Ansiedlungszeit der Sachsen) 37, 39, 73
Gran (u. Esztergom) 28
Grenzwächter (im Königreich Ungarn zum Zwecke der Grenzverteidigung angesiedelte Volksstämme) 29, 31, 32
Großmährisches Reich 24
Großwardein *siehe Wardein*
Grundhörigkeit *siehe Leibeigenschaft*

Gubernium (oberste Verwaltungsinstanz in Siebenbürgen zur Zeit der Habsburger Herrschaft) 13, 79, 95, 96, 102, 106
Haiducken (Freischärler heterogener ethnischer Herkunft) 61
Hamlescher Land (r. Țara Amnașului) 70
Hatzeger Land (r. Țara Hațegului, u. Hátszegvidék) 12, 35, 70
Heilige Liga 59
Heiliges Römisches Reich 27, 32, 52, 53
Heltau (r. Cisnădie, u. Nagydisznód) 42, 152
Helth, Kaspar 57
Hermannstadt (r. Sibiu, u. Nagyszeben) 9, 13, 14, 37, 62, 70, 73, 102, 106, 152
Hermannstädter Propstei (exemter Kirchsprengel der deutschen Siedler) 33
Hermannstädter Provinz (ursprüngliches Rechtsgebiet des Andreanum, spätere „Sieben Stühle") 14, 32, 40
Hitler, Adolf 133, 134
Hohe Pforte *siehe Osmanisches Reich*
Honterus, Johannes 56
Horea 88, 89
hospites (Gastsiedler) 32
Hunyadi *siehe Johannes Hunyadi*
Iliescu, Ion 148
Indigenat (vom Landesherrn erteilte Standeszugehörigkeit) 80
Isabella 50, 51, 52
Israel 141
Jesuiten 58, 80
Johannes Hunyadi 41

Johann II. Sigismund 49, 50, 52, 54, 55
Johann Szapolyai 45, 47, 48, 49, 54
Joseph II. 84, 85, 86, 87, 88, 89, 93, 94, 109
Jugoslawien 129
Juden 40, 74, 75, 85, 101, 126, 133, 134, 135, 139, 141, 146
Kalotaszeg 12
Karl I. 121
Karl V. 47
Karlowitz 66, 82
Karlsburg *siehe Weißenburg*
Karolinger 24
Kirchenburgen 42, 44
Klausenburg (r. Cluj [heute Cluj-Napoca], u. Kolozsvár) 13, 14, 38, 39, 43, 57, 111, 124, 138, 145, 147, 150
Kleinasien 37, 42, 47, 63
Kleine Entente 129
Knesate (kleinräumige Selbstverwaltungsgebiete rumänischer oder slavischer Prägung) 35
Knesen (Führer von Knesaten) 35, 36, 39
Königgrätz 105
Königliches Ungarn (habsburgischer Teil Ungarns zur Zeit der Dreiteilung des Landes) 49, 52, 58, 61, 64, 68
Königsboden (r. Pământul crăiesc, u. Királyföld, Rechtsgebiet des Standes der Sachsen) 32, 37, 38, 56, 73, 75, 85, 87, 94, 97-100, 109, 111, 117
Königsrichter *siehe Stuhlsrichter*
Köprülü 64
Kokel (r. Târnava, u. Küküllő) 11, 13

Kokelburg (r. Cetatea de Baltă, u. Küküllővár) 99
Komitat („Grafschaft", Verwaltungseinheit unter der Leitung eines Gespans) 30, 31, 33, 37, 42, 45, 49, 63, 86, 100, 108, 111, 122
Komitatsboden (Rechtsgebiet des Adelsstandes) 37, 56, 72, 75, 109
Kommandierender General (oberster Befehlshaber der kaiserlichen Truppen zur Zeit der Habsburger Herrschaft) 13, 66, 81
Konstantinopel 28, 53
Kontinuitätstheorie (Lehrmeinung über die direkte Abstammung der modernen Rumänen von einer dako-romanischen Urbevölkerung auf dem heutigen Gebiet Rumäniens) 20, 21, 22, 23, 29, 69, 89, 90, 91, 129, 139, 145
Konzivilitätsreskript (Aufhebungserlaß des ausschließlichen Besitz- und Bürgerrechts der Sachsen auf Königsboden durch Joseph II.) 85, 86
Kreischgebiet (r. Crişana, u. Körösvidék) 11
Kroatien (-Slawonien) 28, 31, 49, 83, 106
Kronstadt (r. Braşov, u. Brassó) 13, 33, 37, 55, 56, 69, 70, 145
Kuriatvotum (die eine Stimme eines Standes im Landtag) 50, 95
Kurland 53
Kuruzzen (Aufständische gegen die Habsburger Herrschaft) 65, 66, 67, 80
Landler (protestantische Transmigranten aus Österreich) 94
Landnahme (Einnahme ihres späteren Siedlungsgebietes durch die Ungarn) 24, 114

Landtag (gesetzgebende Versammlung der Stände zur Zeit des Fürstentums) 13, 19, 36, 44, 50, 51-53, 57, 58, 61, 66, 80, 92, 95, 97, 98, 102, 103, 106

Langer Türkenkrieg 59, 61

Langhaarige (Untertanenschicht der Daker) 18

Lausitz 53

Lechfeld 24

Legion des Erzengels Michael *siehe Eiserne Garde*

Leibeigenschaft 37, 45, 68, 72, 83, 84, 87, 88, 89, 98, 100

Leitender Regierungsrat für Siebenbürgen (Übergangsregierung nach dem Anschluß an Rumänien) 123, 125, 126, 127

Leopold I. 66

Leopold II. 92

Leopoldinum (Grundlagenvertrag Leopolds I. für Siebenbürgen) 66, 67, 79, 80

Liberalismus 96, 98, 107, 111, 115

Litauen 53

Lokatoren *siehe Gräfen*

Ludwig II. 47, 48, 53

Lutheraner *siehe Reformation*

Madéfalva (r. Siculeni) 84

Mähren (siehe auch Großmährisches Reich) 53

Märzrevolution 98, 99, 100, 101, 106, 108

Magyarisierung (sprachlich-kulturelle Assimilation ins ungarische Ethnikum) 93, 97, 100, 107, 110, 111, 115, 117, 131

Mărginime 13

Maria Theresia 80, 81, 84, 88

Marmarosch (r. Maramureş, u. Máramaros) 11, 12, 35, 83

Martinuzzi, Georg 48, 49, 51, 52

Matthias Corvinus 44, 45

Mediasch (r. Mediaş, u. Megyes) 33, 152

Memorandum (Denkschrift der Siebenbürger Rumänen an den Kaiser) 113

Metternich-System 95, 98

Michael I. 135, 138

Michael der Tapfere 60, 61

Micu-Klein, Inochenţie 89

Mieresch (r. Mureş, u. Maros) 11, 122

Militärgrenze (Verteidigungssystem des Habsburger Reiches entlang der Grenze zum Osmanischen Reich) 82, 83, 84, 101

Minderheitenblock (ungarisch-deutsches Wahlbündnis) 131

Minderheitenschutzvertrag 126-128

Mohács 47

Moldau 11, 36, 41, 53, 60, 70-72, 89, 97, 143, 145

Mongolensturm, -einfälle 34, 39, 40

Moskau 143

Motzenland (r. Ţara Moţilor, u. Mócföld) 12

Mühlbach (r. Sebeş, u. Szászsebes) 42

Muntenien *siehe Walachei*

Napoleonische Kriege 95

natio Hungarica (Gesamtheit des Adels des Königreichs Ungarn bzw. Siebenbürgens) 35, 45, 64, 92

Nationalitätenfrage (nationale Auseinandersetzungen in der Habsburger Monarchie ab der Mitte des 19. Jahrhunderts) 98, 100, 106, 107, 115

Nationalitätengesetz (Gesetz des dualistischen Ungarn zur Regelung der Rechte der ethnischen Gruppen) 107, 115

Nationalsozialismus 134, 135

Nationalzaranisten 128, 131, 158

nationes (bis Mitte des 19. Jahrhunderts in Siebenbürgen gleichbedeutend mit „Stände") 31, 37, 39, 43, 44, 45, 49, 50, 55, 79, 88, 95, 96, 98, 102

Nationssiegel (Siegel eines Standes, ohne das Gesetze keine Gültigkeit erlangten) 50

Nationsuniversität, Sächsische (oberste politische Repräsentanz des Standes der Sachsen) 33, 44, 56, 72, 86, 98, 127

Neoabsolutismus 100

Neumarkt am Mieresch (r. Târgu Mureş, u. Marosvásárhely) 109, 138, 148

Niederlande 11, 87

Nikopolis 41

Nösnerland (sächsisches Selbstverwaltungsgebiet um Bistritz) 12, 33

Nürnberg 37

Obere Vorstadt (r. Scheii, Şcheii, u. Bolgárszeg) *siehe Kronstadt*

Österreich 98, 105, 108, 109, 111, 115

Ofen (u. Buda) 49, 66

Oktoberdiplom 102

Oltenien *siehe Walachei*

Optanten (nach dem Ersten Weltkrieg nach Ungarn emigrierte Großgrundbesitzer) 124

Osmanisches Reich 36, 41, 47-49, 51-54, 59-61, 64, 70, 82, 87, 108

Ostkarpaten (r. Carpaţii Orientali, u. Keleti Kárpátok) 11, 83

Pannonische Tiefebene 11, 23, 24, 28, 29, 49, 81

Paris 124, 136

Partes [adnexae] (Siebenbürgen zur Zeit des Fürstentums angegliederte ostungarische Komitate in wechselnder Ausdehnung) 51, 52, 58, 61, 68

Paschalik Buda (osmanisch besetzter Teil Ungarns zur Zeit der Dreiteilung) 49, 65

Passarowitz 82

Pest (u. Pest) 106

Pixidarii (unterste soziale Schicht der Szekler) 32, 72

Polen 36, 53, 58, 59, 64, 71

Prag 147

Prager Frühling 143

Pragmatische Sanktion 80

Preußen 105

Primipili (mittlere soziale Schicht der Szekler) 32, 72

Primores (Führungsschicht der Szekler) 32, 39, 72

Rákóczi, Franz II. 67, 68

Rákóczi, Georg I. 63

Rákóczi, Georg II. 64

Rechtssammlungen der Stände 51, 101

Reformation 53, 55-58, 69, 72

Reformierte (Calvinisten) *siehe Reformation*

Regat (Bezeichnung der vereinigten Fürstentümer Moldau und Walachei, auch rumänisches Altreich)

112, 121, 122, 124, 125, 127, 128, 141, 150
Regensburg 37
Reichsrat (in Wien) 102
Reichstag (in Pest) 106
Religionsfreiheit (Glaubensfreiheit der rezipierten Konfessionen als Bestandteil der Verfassung Siebenbürgens) 54, 55, 58, 59, 61, 64-66, 71, 79, 85, 87, 92, 96, 102
Restitutionsedikt (Rücknahmeerlaß Josephs II. für die meisten seiner Reformen) 87
Rezipierte Konfessionen (Lutheraner, Reformierte, Katholiken, Unitarier) *siehe Religionsfreiheit*
Rodnaer Paß (r. Pasul Rodnei, u. Radnai hágó) 13
Römisches Reich 19, 23
Rom 20
Roma *siehe Zigeuner*
Rudolf II. 60, 61
Rumänische Nationalpartei 108, 113, 115, 128
Rumänisches Tiefland 11
Rußland 87, 99
Sarmizegetusa 17, 18
Sachsentage (politische Versammlungen der Sachsen) 114
Sathmar 67, 131
Schaffünfzigster (Steuer der orthodoxen [rumänischen] Viehzüchter) 36
Schäßburg (r. Sighișoara, u. Segesvár) 123
Schlesien 53
Schwarzes Meer 18, 19
Schweiz 11
Selim I. 47

Siculitas (Szekler Freiheiten) 72
Siebenbürgische Frage (ungarisch-rumänische Auseinandersetzung um den Besitzanspruch an Siebenbürgen) 129, 147
Siebenbürgische Heide (r. Câmpia Transilvaniei, u. Mezőség) 13
Siebenbürgische Hofkanzlei (oberste Verwaltungsinstanz für Siebenbürgen in Wien zur Zeit der Habsburger Herrschaft) 66, 79, 80
Siebenbürgische Schule (intellektuelle Bewegung im Umfeld der unierten Kirche) 90, 91
Siebenbürgisches Erzgebirge (r. Munții Metaliferi, u. Erdélyi érchegység) 11, 35, 38
Siebenbürgische Westgebirge (r. Carpații Occidentali, u. Nyugati Kárpátok) 11, 38
Sigismund 41, 43
Somesch (r. Someș, u. Szamos) 12, 56
Sowjetunion 129, 134-139, 144
Sozinianer *siehe Reformation*
Skandinavien 53
Spanischer Erbfolgekrieg 67
Stände *siehe nationes*
Stephan I. 27, 30
Stuhl (Verwaltungseinheit im Szeklerland und auf Königsboden; von Gerichtsstuhl) *siehe Königsboden und Szeklerland*
Stuhlrichter (oberster Verwaltungsbeamter eines Stuhls, auch Königsrichter) 31, 32
Süleyman I. 47
Supplex Libellus Valachorum (Klageschrift der Siebenbürger

Rumänen an den Wiener Hof) 91, 113

Systematisierung (Neustrukturierung des ländlichen Raums um agroindustrielle Großzentren) 146

Szapolyai *siehe Johann Szapolyai*

Szeged 113

Szeklergraf (oberster Repräsentant des Standes der Szekler) 31, 32

Szeklerland (r. Pământul Secuilor, u. Székelyföld, Rechtsgebiet des Standes der Szekler) 12, 58, 101, 111, 133, 134, 138, 148

Székelyderzs (r. Dârjiu) 44

Szentbenedek (r. Sânbenedic) 34

Südkarpaten (auch Transylvanische Alpen, r. Carpații Meridionali, u. Déli Kárpátok) 11

Tatra 23

Taxalorte (Städte und Märkte mit innerer Autonomie und besonderer Steuerleistung auf Komitatsboden) 63, 75

Temescher Banat *siehe Banat*

Temeswar (r. Timișoara, u. Temesvár) 147

Thököly, Imre 66

Thorenburg (r. Turda, u. Torda) 13, 31, 140

Törzburg (r. Bran, u. Törcsvár) 4

Tolerierter Glauben (griechisch-orthodoxe Konfession) *siehe Religionsfreiheit*

Torockó (r. Rimetea) 13

Trajan 18

Transhumanz (jahreszeitlicher Wechsel der Weideplätze) 22, 35, 70

Transnistrien 134

Transsilvanismus (intellektuelle Strömung primär während der Zwischenkriegszeit) 131

Transylvanische Alpen *siehe Südkarpaten*

Trianon 126, 129, 130

Tripartitum (Gesetzessammlung der *natio Hungarica*) 45, 51

Tschangos (ungarische ethnographische Gruppe in Teilen Siebenbürgens und der Moldau) 12, 143

Tschechoslowakei 121, 129, 143

Ulpia Traiana Sarmizegetusa 18

Ungarische Partei 131

Ungro-vlachische Metropolie 70

Unierte *siehe Union*

Union (als Begriff für die „brüderliche Union der drei Nationen") 43, 44, 50

Union (als Begriff für die mit der römisch-katholischen Kirche vereinigte griechisch-katholische Kirche) 71, 72, 75, 83, 85, 87, 89, 90, 92, 97, 102, 138

Union (als Begriff für die Vereinigung Siebenbürgens mit Ungarn) 93, 97, 98, 100, 102, 103, 106, 108

Unitarier *siehe Reformation*

universitas nobilium (oberste Vertretung des Adelsstandes) 33

universitas Saxonum siehe Nationsuniversität

universitas Siculorum (oberste Vertretung des Standes der Szekler) 32

Venedig 28, 105

Verhausystem (Grenzsicherungssystem im Rahmen des ungarischen Landesausbaues) 30

Verwirkungstheorie (politische Auffassung vom Verlust der historischen Rechte Ungarns durch dessen Abkehr vom Herrscherhaus während der Märzrevolution) 101

Vlad Țepeș 41

Völkerbund 125, 129

Vormärz 98, 109

Waffen-SS 135

Walachei (Kleine Walachei = Oltenien, Große Walachei = Muntenien) 11, 18, 35, 41, 53, 60, 70, 82, 90, 97, 145

Wardein (heute Großwardein, r. Oradea, u. Nagyvárad) 48, 60, 64

Weiberherrschaft 64

Weißenburg (seit 1715 Karlsburg, r. Alba Iulia [früher Bălgrad], u. Gyulafehérvár) 13, 28, 29, 30, 31, 36, 56, 58, 70, 71, 74, 85, 122, 123, 127, 147

Westfälischer Friede 63

Wien 37, 48, 61, 65, 66, 67, 71, 79, 80, 81, 84, 86, 87, 88, 89, 95, 102, 103, 105, 106, 113, 115

Wiener Kongreß 95

Wladislaus II. 45

Woiwode (oberster Vertreter der Provinz im Mittelalter) 13, 31, 33, 39, 40, 41, 45, 47, 52, 60

Zigeuner (Roma) 40, 75, 85, 142, 151

Zsitvatorok 61

Zunftwesen 37

Zwei Stühle (sächsisches Selbstverwaltungsgebiet um Mediasch) 33

Zweiter Weltkrieg 134, 135, 141, 142, 145

Zweiter Wiener Schiedsspruch (Abtrennung Nordsiebenbürgens von Rumänien und Angliederung an Ungarn) 134

Thomas Bohn
Dietmar Neutatz (Hg.)
Studienhandbuch
Östliches Europa
Band 2: Geschichte des Russischen Reiches und der Sowjetunion

(Böhlau Studienbücher) 2002. XII, 539 Seiten. 4 farbige Faltkarten mit 6 farb. Karten. ISBN 978-3-412-14098-4

Die Geschichte des Russischen Reiches und der Sowjetunion wird in diesem Handbuch aus unterschiedlichen Perspektiven erschlossen. Die 60 Artikel gliedern sich systematisch in die Abschnitte Grundlagen, Epochen, Probleme, Interpretationen, Großregionen, Nationalitäten und Minderheiten. Sie umfassen jeweils eine Einführung in die Thematik, Hinweise auf zentrale Forschungsprobleme, innovative Ansätze und offene Fragen sowie eine Auswahlbibliographie.

Das Buch ist als Gemeinschaftsprojekt von insgesamt 37 jüngeren Historikern und Historikerinnen entstanden, die jeweils ausgewiesene Spezialisten für ihr Gebiet sind. Es richtet sich mit einer verständlichen und übersichtlichen Darbietung des Basiswissens vor allem an Studierende und Lehrende. Die schnelle und zuverlässige Orientierung kann über umfangreiche Literaturlisten, Glossare, Zeittafeln, Karten und einen Überblick über Forschungseinrichtungen und Internetressourcen vertieft werden.

Bitte beachten Sie auch
Harald Roth (Hg.): Studienhandbuch Östliches Europa.
Band 1: Geschichte Ostmittel- und Südosteuropas
(Böhlau Studienbücher) 1999. X, 562 S. 4 farb. Faltkarten.
Br. ISBN 978-3-412-13998-8

Ursulaplatz 1, D-50668 Köln, Telefon (0221) 913900, Fax 913 9011

Kirchenburgen in Siebenbürgen
Fortified Churches in Transylvania

Fotos von Robert Stollberg,
Texte von Thomas Schulz.

2007. 180 S. 240 x 280 mm.

80 großformatige s/w-Abb.

Gb. mit SU.

ISBN 978-3-412-18606-7

Kirchenburgen sind das Markenzeichen Siebenbürgens – nirgends findet sich eine derartige Dichte und Vielfalt von Kirchenburgen wie in dieser alten Kulturlandschaft. Vom 13. bis zum 16. Jahrhundert gegen die Einfälle von Tartaren, Türken und anderen Angreifern errichtet, besaß früher nahezu jedes siebenbürgisch-sächsische Dorf eine Wehrkirche, in der die Bevölkerung mitsamt Vieh und Vorräten Schutz fand. Heute sind noch etwa 140 von ihnen erhalten. Die Trutzigkeit ihrer Erscheinung steht in malerischem Gegensatz zur lieblichen Hügellandschaft Siebenbürgens. In der Dorfmitte oder auf einer nahen Anhöhe gelegen geben sie den Dörfern ihren typischen Charakter. Durch die Auswanderung der Siebenbürger Sachsen, insbesondere in den Jahren nach 1990, haben die Kirchenburgen den Großteil ihrer Gemeinden verloren und sind nunmehr vom Verfall bedroht. Gleichzeitig ist ein wachsendes Interesse des Fremdenverkehrs festzustellen und sechs der Wehrkirchen sind bereits in das UNESCO-Weltkulturerbe aufgenommen. Der aufwändig gestaltete Bildband beeindruckt mit großformatigen Ansichten beinahe aller sehenswerten Kirchenburgen. Dabei sind neben den bekannten Wehrkirchen auch die abseits der Touristenrouten gelegenen Bauten berücksichtigt. Eine Einleitung in deutscher und englischer Sprache macht den Leser anschaulich mit der Geschichte dieser Region und ihren markanten Baudenkmälern vertraut.

Ursulaplatz 1, D-50668 Köln, Telefon (0221) 91390-0, Fax 91390-11

Harald Roth
Hermannstadt
Kleine Geschichte einer Stadt in Siebenbürgen
2007. 2. Aufl. VI, 233 Seiten.
Mit 12 s/w-Abb. im Text und
20 s/w- Abb. auf 16 Tafeln.
Franz. Broschur.
ISBN 978-3-412-05106-8

Hermannstadt – rumänisch Sibiu, ungarisch Nagyszeben – wurde im 12. Jahrhundert zum Hauptort der deutschen und flämischen, später »Sachsen« genannten Siedler in Siebenbürgen. Im Mittelalter stieg es zur blühenden Handelsmetropole mit einem vielfältig entwickelten Gewerbe und einer Münzkammer auf, war das politische Zentrum der »Sächsischen Nation« und eine militärisch uneinnehmbare Festung. Als Siebenbürgen im 18. Jahrhundert österreichisches Kronland wurde, bestimmten die neuen Herrscher die habsburgtreue Stadt zur Landeshauptstadt. Im 19. Jahrhundert, das einen ungeheuren Modernisierungsschub brachte, wurde Hermannstadt auch zu einem zentralen Ort der Rumänen Siebenbürgens, die hier seit der Mitte des 20. Jahrhunderts die Bevölkerungsmehrheit bilden.

Heute liegt Hermannstadt im Zentrum Rumäniens und hat seit der politischen Wende eine verheißungsvolle Entwicklung von einer vergessenen Provinzstadt hin zu einem pulsierenden Kultur- und Wirtschaftsstandort genommen. An die Deutschen erinnern jedoch nicht nur das Stadtbild und die Stadtgeschichte, vielmehr bietet Hermannstadt heute ein Bild europäischer kultureller Pluralität par excellence.

Ursulaplatz 1, D-50668 Köln, Telefon (0221) 91390-0, Fax 91390-11